김승환의 헌법 교실

헌법학자가 본
계엄에서 탄핵까지 123일

김승환의 헌법 교실

헌법학자가 본 계엄에서 탄핵까지 123일

펴낸날 | 2025년 6월 13일

지은이 | 김승환

편집인 | 유은영
교정 | 김동관
디자인 | Jipeong
마케팅 | 홍석근

펴낸곳 | 천개의정원
출판신고 | 제313-2004-172 (2004년 7월 1일)
주소 | 경기도 고양시 덕양구 중앙로558번길 16-16, 7층
전화 | 02-706-1970 팩스 | 02-706-1971
전자우편 | commonlifebooks@gmAll.com

ⓒ 2025 김승환
ISBN 979-11-6023-355-1 (03360)

김승환의 헌법 교실

헌법학자가 본
계엄에서 탄핵까지 123일

헌법에 맞섰던 대통령의 몰락

한밤중 국민을 향한 총부리

2024년 12월 3일 22시 23분, 전 윤석열 대통령이 긴급 담화문을 생방송으로 송출하며 6분간 담화문을 낭독한 후 22시 28분에 비상계엄령을 선포했습니다. 어떤 이들이 딥페이크를 의심할 정도로 시대 역행적인 사건이 벌어진 것입니다. 이후 12월 4일 1시 1분에 국회가 비상계엄 해제 요구 결의안을 가결하기까지 두 시간 삼십여 분 동안 대혼란의 시간, 매서운 한겨울 새벽 국회에서 맨몸으로 군대의 총칼을 막아 낸 것은 국민이었습니다.

12월 3일, 전북교육감 3선을 마치고 책 읽고 글 쓰며 재야 생활을 하고 있던 나의 삶에 또다시 격랑이 일었습니다. 대통령 윤석열의 비상계엄 선포는 상상할 수도 없는 사건이었습니다. 그는 헌법 제77조 제1항이 규정하고 있는 비상계엄 선포의 요건이 1%도 존재하지 않는 상황에서 비상계엄을 선포했습니다. 그것은 비상계엄 선포의 형식을 빌린 형법상 내란이었습니다.

비상계엄 선포 다음 날인 12월 4일 저는 "비상계엄 해설"이라는 글을 썼습니다. 그날부터 거의 날마다 대통령 탄핵과 관련한 새로운 쟁점들이 나왔습니다. 그 쟁점들은 과거에는 존재하지 않았던 것들이었습니다. 누군가는 글을 써야 한다는 생각을 하면서 저의 손가락은 자판을 두드리기 시작했습니다.

저는 계속해서 페이스북에 글을 써서 올렸습니다. 대통령이 과연 탄핵될 것인가, 헌법재판소의 탄핵 심판이 진행되고 있는 중에 언제라도 제2의 또는 제3의 비상계엄이 선포되는 것이 아닌가라는 불안감이 사람들 사이에 퍼지기 시작했습니다. 불안감에 젖어 있던 사람들이 저의 페이스북으로 들어와 글을 읽기 시작했고, 공감하는 글이 보이면 그 글을 공유하고 전파하는 작업을 했습니다.

학계에서 은퇴한 지 오래되었지만 아직 헌법학자의 의식이 남아 있는 저는 대통령 탄핵에 관한 글을 쓰되 냉정하게 이론 구성을 하자는 다짐을 스스로 했습니다. 결론에 이르는 논증이 허술하면 저의 글은 설득력을 잃을 수밖에 없고, 국회가 상황에 적정하게 대처하거나 헌법재판소가 논리를 구성하는 데 아무런 도움을 줄 수 없습니다. 도리어 상황을 더 복잡하게 만들 수도 있습니다.

예정된 대통령의 몰락

헌법재판소가 대통령 윤석열 탄핵 심판 청구 사건 결정 선고의 날로 공지한 2025년 4월 4일 오전 11시!

저는 한 시간 전인 오전 10시 무렵부터 마지막 글을 쓰기 시작했고, 그 제목은 "대한민국 헌법의 최후의 수호자, 국민!"이었습니다. 일단 문형배 헌법재판소장 권한 대행의 입에서 "피청구인 대통령 윤석열을 파면한다."라는 결정 주문이 나오는 시각은 빈칸으로 해 두었고, 헌법재판관 8인 전원 일치 파면 결정을 전제로 글을 써 놓았습니다.

파면 결정이 선고되는 것을 확인하면서 저는 "11시 22분"을 입력한 후 엔터키를 눌렀습니다.

「5·18 민주화운동법」 합헌, 고 노무현 대통령 탄핵 청구 기각

저는 1995년에 제정된 「5·18민주화운동 등에 관한 특별법」(줄임말 5·18민주화운동법)에 대한 헌법 소원 심판 청구가 있었던 1996년에 이 법이 합헌이라는 해석과 근거를 제시했고* 이것은 한 달 뒤 헌법재판소의 합헌 의견**으로 이어졌습니다.

또한 "탄핵 소추 사유는 더 이상 공직 수행을 위임할 수 없을 정도로 중대한 헌법 위반 또는 중대한 법률 위반이라고 보는 것이 올바른 헌법 해석"(김승환, 「헌법특강 탄핵제도」, 『고시계』, 2004년 4월호)임을 알렸습니다. 이후 고

---

* "검찰이 쿠데타로 집권한 대통령에 대해 재직 중 형사상의 소추를 한다는 것은 법적으로는 가능하지만 사실상으로는 불가능한 일이다. 따라서 내란죄 또는 외환죄의 경우 대통령에게 공소권을 행사할 수 없는 법률상 장애 사유는 없었다 하더라도 현실적으로 공소권을 행사할 수 없는 사실상 장애 사유가 있었다면 대통령 재직 중에는 공소 시효의 진행이 정지된다고 보아야 한다. 「5·18 민주화운동법」 제2조의 '국가의 소추권 행사에 장애 사유가 존재한'이라는 문언은 소추권 행사의 법률상 장애 사유뿐만 아니라 사실상 장애 사유도 포함하고 있는 것으로 이해해야 한다."(김승환, 「형법효력불소급의 원칙과 공소시효 제도」, 『민주법학』 통권 10호, 1996. 1. 20).

** "국가가 소추권을 행사할 수 없는 법률상 또는 중대한 사실상 장애 사유가 있는 때에는 법률에 명문으로 규정된 바가 없다 하더라도 공소 시효의 진행이 정지된다고 해석하여야 할 것"이라는 헌법재판소의 합헌 결정으로 연결되면서(1996. 2. 16), 「5·18 민주화운동법」은 가까스로 살아 남았습니다(한정 위헌 의견 5인, 합헌 의견 4인. 위헌 결정 정족수에 1명 미달해 합헌 결정이 선고되었음). 이 사건 결정문은 『헌법재판소 판례집』 제8권 1집 (1996)에 실려 있습니다.

노무현 전 대통령의 탄핵 기각 결정이 선고되었고, 노무현 대통령의 권한이 회복되었습니다.(2004년 5월 14일. 이 사건 결정문은『헌법재판소 판례집』제16권 1집, 2004에 실림.)

학자의 보람이라는 것이 있습니다. 그것은 어느 누구도 주장하지 않았던 이론을 만들어 내고, 그 이론이 시대적으로 매우 중요한 쟁점을 해결하는 열쇠로 작용하는 것입니다.

헌법학자의 삶을 걸어온 저에게「5·18민주화운동법」이 헌법재판소의 합헌 결정으로 살아남는 이론, 즉 '사실상 장애 사유 이론'을 만들어 낸 것과 노무현 대통령 탄핵 심판 청구 사건에서 헌법재판소가 청구 기각 결정을 선고하는 논거로 삼은 '중대한 헌법 위반, 중대한 법률 위반'의 이론을 만들어 낸 것은 크나큰 보람이었습니다.

나를 지키고 국민을 지키는 헌법

전북대학교 법대와 법학전문대학원 교수로서 연구, 강의, 논문 쓰기를 하던 저는 2010년 7월 1일부터 2022년 6월 30일까지 전북교육감 3선의 직무를 수행했습니다. 2010년 3월 17일 저는 전북대학교 법학전문대학원 마지막 강의에서 만약 교육감 선거에서 당선되면 정부의 교육 정책이 헌법을 위반하는 경우 그러한 정책에 따르지 않겠다는 다짐을 했습니다.

이러한 다짐은 현실이 되었습니다. 전북교육감 12년 동안 저는 정부의 교육 정책과 충돌하면서 열일곱 차례 검찰에 고소·고발을 당했습니다. 그 격랑을 이겨 낸 힘은 대한민국의 헌법에서 나왔습니다. 정부와 충돌하거나, 경찰이나 검찰의 조사를 받고 법원의 재판을 받을 때 제가 방어 무기로 삼았던 것은 헌법이었습니다.

이제 길었던 교육감으로서 삶을 정리하고 헌법학자로서 다시, 제 삶을 세우고 국민의 삶을 지켜 내기 위한 발걸음을 재촉하고자 합니다. 2024년 12월 4일부터 2025년 4월 4일까지 페이스북에 올린 글이 유실되거나 잊히지 않도록 출간해야 한다는 주위 의견들이 있었습니다. 그래서 교육감 시절부터 지금까지 깊은 신뢰와 인연을 맺어 오고 있는 건신대학원대학교 대안교육학과 여태전 교수님과 상의를 했습니다. 그 결과 '천개의정원' 유은영 편집인과 출판을 진행하게 되었습니다.

여태전 교수님과 유은영 편집인께 머리 숙여 감사드립니다. 이 책의 출판을 기꺼이 맡아 준 천개의정원 출판사 분들이 있어서 저의 글이 한 권의 책이 되어 세상으로 나가게 되었습니다. 감사합니다.

차례

비상계엄 해설

비상계엄이 선포되었다가 해제되었다는 사실을 2024년 12월 4일 아침에 알게 되었습니다. '헌법이 말하는 비상계엄이 무엇인지 누가 얼마나 알고 있을까?' 생각하면서 그날 바로 이 글을 썼습니다.

계엄에는 비상계엄과 경비계엄이 있습니다. 비상계엄을 선포할 수 있는 요건은 「대한민국헌법」(이하: 헌법) 제76조 제1항이 규정하고 있고, 계엄법이 그 요건을 더 구체적으로 규정하고 있습니다.

　헌법 제77조 제1항은 "대통령은 전시·사변 또는 이에 준하는 국가비상사태에 있어서 병력으로써 군사상의 필요에 응하거나 공공의 안녕질서를 유지할 필요가 있을 때에는 법률이 정하는 바에 의하여 계엄을 선포할 수 있다."라고 규정하고 있고, 같은 조 제2항은 "계엄은 비상계엄과 경비계엄으로 한다."라고 규정하고 있습니다.

계엄법 제2조 제2항은 "비상계엄은 대통령이 전시·사변 또는 이에 준하는 국가비상사태 시 적과 교전(交戰) 상태에 있거나 사회질서가 극도로 교란(攪亂)되어 행정 및 사법(司法) 기능의 수행이 현저히 곤란한 경우에 군사상 필요에 따르거나 공공의 안녕질서를 유지하기 위하여 선포한다."라고 규정하고 있습니다.

비상계엄이 선포된 경우, 그것이 헌법과 계엄법이 규정하는 요건을 충족하고 있는지, 달리 표현하면 비상계엄의 선포가 헌법과 법률에 위반하는 것인지 여부를 판단하는 권한은 국회가 가지고 있습니다. 헌법 제77조 제5항은 "국회가 재적의원 과반수의 찬성으로 계엄의 해제를 요구한 때에는 대통령은 이를 해제하여야 한다."라고 규정하고 있습니다. 헌법 제89조 제5호는 대통령의 계엄 선포와 해제를 국무회의의 심의 사항으로 규정하고 있습니다. 다만, 국회가 재적 의원 과반수의 의결로 계엄의 해제를 요구한 경우 대통령과 국무회의는 국회의 요구를 받아야 할 것인지 거부해야 할 것인지에 관한 재량권은 없습니다.

대통령의 비상계엄 선포는 헌법이 규정하는 요건을 엄격하게 충족해야 합니다. 비상계엄 선포에 관해 헌법이 규정하는 절차적 정당성과 실체적 정당성을 갖춰야 합니다. 헌법은 그러한 요건을 갖추지 못한 비상계엄에 대한 통제권을 국회에 부여하고 있습니다. 국회가 대통령에게 비상계엄의 해제를 요구하고 대통령이 국회의 해제 요구에 따라 비상계엄을 해제하더라도 문제는 남아 있습니다.

대통령의 계엄 선포가 명백하고 중대한 헌법 위반과 법률 위반의 하자를 갖고 있는 경우, 그것은 대통령에 대한 탄핵 사유가 됩니다. 이와 함께 대통령은 헌법 제84조가 규정하고 있는 대통령의 형사상의 특권, 즉 불소추 특권을 상실합니다. 헌법 제84조는 내란죄 또는 외환죄를 범한 경우 대통령의 형사상의 특권을 배제하고 있습니다. 대통령의 비상계엄 선포가 중대한 헌법 위반인 경우 그 행위는 형법 제87조의 내란죄에 해당합니다. 형법 제87조는 "(…) 국헌을 문란하게 할 목적으로 폭동을 일으킨 자는 다음 각 호의 구분에 따라 처벌한다."라고 규정하고 있습니다.

수사 기관은 대통령을 (사전) 영장 없이 체포할 수 있습니다. 이와 관련해 헌법 제12조 제3항 단서는 "다만, 현행범인인 경우와 장기 3년 이상에 해당하는 죄를 범하고 도피 또는 증거인멸의 염려가 있을 때에는 사후에 영장을 청구할 수 있다."라고 규정하고 있습니다.

「헌정질서 파괴범죄의 공소시효 적용 등에 관한 특례법」 제2조와 제3조에 따라 내란죄에는 공소 시효의 적용이 배제됩니다. 이와 함께 대통령이 직무 수행 과정에서 헌법이나 법률을 위배하고, 그것이 중대한 헌법 위반 또는 중대한 법률 위반에 해당하는 경우 국회는 대통령에 대한 탄핵 소추를 할 수 있고(헌법 제65조), 헌법재판소는 탄핵 심판을 할 수 있습니다(헌법 제111조 제1항 제2호).

덧붙여

헌법 이론상 국가 긴급권(Staatsnotstandsrecht)이라는 것이 있습니다. 국가 긴급권은 국가 비상사태 시에 발동될 수 있는 권한입니다. 독일의 헌법학자 클라우스 쉬테른(Klaus Stern)에 따르면, 국가 비상사태란 "헌법에 규정되어 있는 정상적인 수단으로는 극복할 수 없고, 예외적인 수단으로만 극복할 수 있는 국가의 존립·안전이나 공공의 안전과 질서에 대한 심각한 위험 상태"를 말합니다. 이러한 국가 비상사태를 극복하고 국가 긴급권 행사의 남용을 방지하기 위해 각국의 헌법은 국가 긴급권에 관한 규정을 두고 있습니다. 우리나라 헌법이 규정하는 비상계엄과 경비계엄이 그 전형적인 예에 속합니다.

「헌법」 제77조 제5항은 "계엄을 선포한 때에는 대통령은 지체없이 국회에 통고하여야 한다."라고 규정하고 있고, 같은 조 제6항은 "국회가 재적의원 과반수의 찬성으로 계엄의 해제를 요구한 때에는 대통령은 이를 해제하여야 한다."라고 규정하고 있습니다. 이와 함께 같은 조 제5항은 "비상계엄이 선포된 때에는 (…) 정부나 법원의 권한에 관하여 특별한 조치를 할 수 있다."라고 규정하고 있습니다. 이 3개의 항이 의미하는 것은 비상계엄의 선포로 국회의 권한을 제한할 수는 없다는 것입니다. 이렇게 규정하고 있는 목적은 비상계엄의 선포·유지·해제에 관한 것을 국민의 대의 기관인 국회의 통제하에 두기 위함입니다.

헌법재판소가 대통령에 대한 탄핵 심판의 심리를 하려면 재판관 7인 이상이 있어야 하는데, 현재의 재판관은 6명. 그럼 어떻게?

비상계엄 해제 직후부터 대통령 탄핵 문제가 떠올랐습니다. 그 당시 헌법재판관의 숫자는 정원에서 3명이 부족한 6명이었고, 이에 따라 헌법재판소가 '대통령을 탄핵시킬 수 있는가'라는 문제가 제기되었습니다. 저는 일단 심리 정족수와 결정 정족수에 대해 설명할 필요를 느꼈습니다.

헌법재판소의 심리에는 두 개의 정족수가 있습니다. 하나는 심리 정족수이고, 다른 하나는 결정 정족수입니다. 회의체의 회의에 의사 정족수와 의결 정족수가 있는 것과 마찬가지입니다. 예를 들어 「국회법」 제73조 제1항은 "본회의는 재적의원 5분의 1 이상의 출석으로 개의한다."라고 규정하고 있습니다. 이것이 국회 본회의 개의 정족수입니다. 국회가 대통령에 대한 탄핵 소추안을 재적 의원 3분의 2 이상의 찬성으로 의결해 헌법재판소에 대통령 탄핵 심판 청구를 하면, 헌법재판소는 국회의 탄핵 심판 청구에 대한 심리와 결정을 해야 합니다. 문제는 헌법재판관 9인 중 현재 3인의 자리가 공석이며, 결정에 앞서서 채워야 하는 심리 정족수 7인의 재판관에도 1명이 부족한 상태라는 것입니다. 당연히 사사오입(四捨五入)할 수 없습니다.

이 경우 대통령의 권한 행사는 어떻게 되는가에 대한 의문이 있을 수 있습니다. 헌법은 이 경우에 대비해 제 65조 제3항에서 "탄핵소추의 의결을 받은 자는 탄핵심판이 있을 때까지 그 권한행사가 정지된다."라고 명확히 규정하고 있습니다. 국회가 대통령에 대한 탄핵 소추안을 의결하면 국회의장은 대통령에게 통지하고, 대통령은 그 시점부터 어떠한 권한 행사도 할 수 없습니다. '권한 행사의 정지'에는 개념 내재적으로(begriffsimmanent) '대통령실에 출입할 권한의 정지'도 포섭됩니다.

참고 조문

「헌법재판소법」제23조(심판정족수)

제1항: 재판부는 재판관 7인 이상의 출석으로 사건을 심리한다.

제2항: 재판부는 종국심리(終局審理)에 참여한 재판관 과반수의 찬성으로 사건에 관한 결정을 한다. 다만, 다음 각 호의 어느 하나에 해당하는 경우에는 재판관 6인 이상의 찬성이 있어야 한다.

제1호: 법률의 위헌결정, 탄핵의 결정, 정당해산의 결정 또는 헌법소원에 관한 인용결정을 하는 경우

「헌법」 제65조 제3항: 탄핵소추의 의결을 받은 자는 탄핵심판이 있을 때까지 그 권한행사가 정지된다.

덧붙여

윤석열 대통령이 비상계엄이라는 용어를 쓰기는 했지만, 그의 머릿속에 들어 있었던 것은 1972년 10월 17일에 선포한 '10월 유신'이었던 것 같습니다. 박정희가 단행한 '10월 유신'은 드러내 놓고 헌법을 무시해 버린 조치, 즉 초헌법적 조치였습니다. 일종의 '친위 쿠데타'였지요. 윤석열이 선포한 비상계엄은 박정희가 내린 친위 쿠데타의 복사판이었습니다. 상황이 이러한데도 국민의힘 의원들이 취하는 행태는 한마디로 가관입니다. 후안무치지요. 자기한테 맞지 않는 옷은 입지 않는 것이 정도(正道)입니다. 능력도 없으면서 뭐 하러 그 자리에 들어갔는지 모르겠습니다.

문재인 정권이 반성을 많이 해야 합니다. 5년 세월 뭘 한 건지 모르겠어요. 맨날 모양새 갖추기에만 집중했습니다. 한마디로 패션 정치에 집중한 것이지요. 지금의 민주당이 그 부분에 대한 통제를 전혀 못 했습니다. 언제 나를 장관 자리로 불러 주느냐에 온 신경을 곤두세운 것 같습니다. 대학 교수 시절 자신의 전공 분야에서 진보적인 목소리를 내던 사람들이 권력의 핵심으로 자리를 잡더니 일순간에 기득권을 지켜 주는 전사(戰士)로 변신하더군요.

교육 분야에서 이뤄 낸 개혁이 전혀 없어요. 맨날 왼쪽 손바닥에 오른쪽 손을 올려놓고 "덕분입니다."라는 말이나 지껄였습니다. 왼쪽 깜빡이 켜 놓고 오른쪽으로 가버렸지요. 만시지탄이지만 이제라도 국민 앞에 석고대죄해야 합니다. 물론 이런 의견에 대해 "빠"들은 심한 반감을 느끼겠지만요.

비상계엄 수업

헌법 교수였던 저는 1979년 12·12 군사 반란과 1980년 5·18 이후 헌법 강의 시간에 군을 동원한 쿠데타가 더는 일어나지 않을 것이라고 단정하는 말을 했습니다. 그 이유로는 서울 인구의 초과밀화로 인한 탱크 동원의 불가능을 들었습니다. 그것이 저의 오판이었다는 게 12·3 비상계엄을 통해서 확인되었습니다.

저는 전북대학교 법과대학과 법학전문대학원에서 헌법 강의를 할 때 저의 강의를 듣는 학생들과 함께 반드시 짚어 나가는 항목들이 있었습니다. 그것은 헌법 조문에 대한 정확한 이해, 그 해당 헌법 조문(또는 헌법 규범)과 헌법 현실의 관계, 연관되는 헌법사(憲法史), 다른 나라 헌법과의 비교(비교 헌법), 관련되는 한국의 판례와 외국의 판례, 외국 헌법학자들의 이론 등이었습니다. 여기에서 중요한 것이 헌법 조문(또는 헌법 규범)과 헌법 현실 사이의 관계에 관심을 기울이는 것입니다.

1980년대 후반 어느 날 법과대학 헌법 강의 시간에 저는 학생들에게 국가 긴급권에 관한 강의를 했습니다. 우리나라 헌법은 물론이고 거의 모든 나라 헌법들이 헌법에 국가 긴급권(우리나라 헌법의 경우 대통령의 계엄 선포권과 긴급 명령권 및 긴급 재정·경제 명령권)을 명확히 규정하는 취지를 강조해서 설명했습니다. 헌법에 국가 긴급권을 명시하는 취지는 국가 긴급권을 발동할 수 있는 사람과 요건, 사전·사후 통제 장치 등을 명확히 규정해 둠으로써 국가 비상사태가 발생했을 때 적시(適時)에 대응할 수 있도록 하고, 동시에 국가 긴급권의 남용과 오용을 방지하기 위함입니다.

학생들에게 질문해 보았습니다. "우리나라에서 앞으로 대통령이 계엄령을 발동할 수 있을까요?" 그러자 '가능하다, 가능하지 않다, 잘 모르겠다'로 대답이 갈렸고, 다른 학생에게 물어보는 학생들도 있었습니다. 저는 웃으면서 "앞으로는 계엄령, 특히 비상계엄령 발동은 불가능해요. 그 이유가 뭘까요? 비상계엄을 선포할 때 반드시 나타나는 것이 있거든요. 그건 탱크예요. 지금 서울의 교통 상황을 보세요. 탱크가 움직일 수 있겠어요? 비상계엄은 헌법 규범적으로는 가능하지만, 헌법 현실적으로는 불가능한 거예요."라고 설명하자 학생들이 "아하!"라는 반응을 보였습니다.

제가 이런 설명을 통해서 하고 싶은 말이 또 하나 있었습니다. 그것은 "대한민국은 서울 공화국이다. 한 나라의 정치·경제·사회·문화의 모든 힘이 하나의 도시에 집중되어 있는 나라는 대한민국밖에 없다. 이것은 기형(畸形)이다."라는 말을 하고 싶었던 것입니다. 제가 학생들에게 "앞으로는 계엄령, 특히 비상계엄령 발동은 불가능하다."라고 자신 있게 했던 말은 2024년 12월 3일 22시 27분 현직 대통령 윤석열이 주도한 내란을 통해서 보기 좋게 무너졌습니다.

덧붙여

전북대학교 법학전문대학원을 졸업하고 서울에서 변호사로 활동하고 있는 제자가 어제 저에게 "시국이 뒤숭숭하여 편안하지는 않으시겠지만 그래도 건강히 잘 지내시지요? 요 며칠 교수님 생각을 여러 번 했습니다. 이유는 뭐... ㅎㅎ"라는 문자를 보냈습니다.

구미삼년 불위황모(狗尾三年 不爲黃毛)

대통령 윤석열의 국정 운영 방식은 국민의 상식을 초월하는 것이었고, 시간이 흐르면서 그것은 한 인간의 고칠 수 없는 기질이라는 것이 드러났습니다. 그럼에도 허망한 기대를 걸고 있는 사람들을 향해 저는 아래와 같은 하소연을 했습니다.

"개 꼬리 3년 땅 속에 묻어 두어도 족제비 꼬리털 되지 않는다."라는 말입니다. 오늘 아침 10시 윤석열 대통령의 대국민 성명을 보면서 든 느낌입니다. 그에게 정도(正道)는 없고, 꼼수만 있습니다. 검사 출신 법률가라는 사람이 헌법 용어와 법률 용어도 정확히 모르고 있습니다. "국회의 계엄 해제 결의에 따라 계엄을 해제했다."라고 말했는데, 국회는 '결의안'을 채택한 것이 아니라 헌법에 따라 '계엄 해제 요구안을 의결'한 것입니다(헌법 제77조 제5항).

앞으로 남아 있는 것을 간단히 정리합니다. 대통령은 자신의 거취를 여당에 맡긴다고 말했는데, 그의 이 발언은 '헌법적' 발언이 아니라 '정치적' 발언입니다. 헌법상 대통령의 거취를 여당이 결정할 권한은 없습니다. 대통령의 거취는 국민의 대의 기관인 국회가 결정합니다. 더구나 이 사안의 경우 대통령에게 이미 탄핵 사유가 발생했고, 형법상 내란죄가 성립했습니다. 그는 "법적·정치적 책임을 회피하지 않겠다."라고 말했는데, 그에게는 법적·정치적 책임을 회피할 권한이나 권리 자체가 없습니다. 그의 말에서 최소한의 리걸 마인드(legal mind, 법적 사고방식)조차 발견할 수 없습니다.

탄핵의 경우 국회가 재적 의원 과반수의 발의와 재적 의원 3분의 2 이상의 찬성으로 의결하면, 그때부터 헌법 재판소의 탄핵 심판이 있을 때까지 대통령의 권한 행사가 정지됩니다(헌법 제65조 제3항). 탄핵 소추안에 대해 국회가 어떠한 결론을 내리든 수사 기관은 대통령을 내란죄로 체포 또는 구속하고 조사할 수 있습니다.*

* 헌법 제65조 제4항: 탄핵결정은 공직으로부터 파면함에 그친다. 그러나 이에 의하여 민사상이나 형사상의 책임이 면제되지는 아니한다.
「헌법재판소법」 제54조 제1항: 탄핵결정은 피청구인의 민사상 또

오늘 대통령은 주권자인 국민에게 호소한 것이 아니라 한 줌 남은 자신의 지지 세력에게 호소한 것입니다. 그가 기대하는 최상의 시나리오는 지지 세력과 반대 세력이 대통령의 진퇴를 둘러싸고 진흙탕 싸움을 벌이는 것입니다. 아마도 그의 머릿속에 들어 있는 건 '사회 혼란'일 것입니다. 사회를 혼란의 분위기로 몰아가면서 그는 다시 비상계엄을 선포할 수도 있고, 긴급 명령을 발령할 수도 있습니다.* 긴급 명령권을 행사하기 위한 최상의 조건은 북한의 도움을 받는 것입니다. 남과 북 어느 쪽이 먼저 자극하든 한쪽이 도발해 주면 남과 북 두 정권의 안보에 도움이 되는 수준의 국지전을 일으킬 수 있습니다. 국민의 레드 콤플렉스(red complex)에 불이 붙으면 정권의 검은 의도는 쉽게 뜻을 이루게 되는 것입니다.

는 형사상의 책임을 면제하지 아니한다.

* 헌법 제76조 제2항: 대통령은 국가의 안위에 관계되는 중대한 교전상태에 있어서 국가를 보위하기 위하여 긴급한 조치가 필요하고 국회의 집회가 불가능한 때에 한하여 법률의 효력을 가지는 명령을 발할 수 있다.

일사부재의의 원칙이란?

대통령에 대한 국회의 탄핵 소추안 의결이 적법한지 여부를 둘러싸고 일사부재의의 원칙이라는 말이 나오기 시작했습니다. 저는 이 원칙의 헌법적 의미에 대해 설명할 필요를 느끼면서 이 글을 썼습니다.

일사부재의(一事不再議)의 원칙이란 회의체의 안건 처리에 적용되는 원칙입니다. 한번 의결 절차를 거친 안건은 다시 심의(審議)할 수 없다는 원칙입니다. 이 원칙이 가장 전형적으로 적용되는 곳이 국회입니다. 국회의 심의에서 한번 의결 절차(가결이나 부결 또는 투표 불성립)를 거친 법률안과 기타의 의안은 어떻게 될까요? 국회법 제92조는 이렇게 규정하고 있습니다.

"부결된 안건은 같은 회기 중에 다시 발의하거나 제출

할 수 없다.”

즉, 일사부재의의 원칙은 같은 회기, 표현을 달리하면 동일한 회기에 한정해 적용되는 원칙입니다. 하나의 회기가 폐회되고, 또 다른 회기가 열리면 국회의원은 앞선 회기에서 부결된 안건을 다시 발의·상정해 의결 절차를 거칠 수 있습니다. 이 원칙은 국회의원의 임기 4년 내내, 즉 동일한 입법기(立法期, Legislaturperiode, period of legislature)에 계속 적용되는 원칙입니다. 일사부재의의 원칙에 따라 국회는 대통령을 상대로 탄핵 융단 폭격을 가할 수도 있습니다.

대통령의 직무 정지?

.

헌법 제65조 제3항은 국회에서 탄핵 소추를 당한 대통령은 헌법재판소의 탄핵 심판이 있을 때까지 그 권한 행사가 정지된다고 말하고 있는데도 국회의원들과 언론은 직무 정지라는 용어를 쓰고 있었고, 저는 그것을 교정해 줘야 할 필요를 느꼈습니다.

정치한다는 어떤 사람의 입에서 느닷없이 "대통령의 직무 정지"라는 말이 계속 나오고 있습니다. 대통령의 법적 신분은 헌법의 명시적 규정에 따라 결정됩니다. 국회가 재적 의원 3분의 2 이상의 찬성으로 대통령 탄핵 소추안을 의결하면, 국회의장이 대통령에게 탄핵 소추 의결서를 송부하면서 그 권한 행사가 정지되는 것입니다 (헌법 제65조 제3항). 내란 우두머리 혐의를 받고 있는 대통령이 체포·구속되는 경우에는 대통령의 유고(有故) 상태가 되어 국무총리, 법률이 정하는 국무위원의 순서로 대통령의 권한을 대행하게 됩니다(제71조).

헌법의 어느 조항에도 대통령의 직무 정지라는 용어는 없습니다. 결국 "대통령의 직무 정지"라는 발상은 반(反)헌법적 발상입니다. 헌법 이론적으로 무식하고, 욕망의 화염이 작렬(炸裂)하면 반헌법적 발상이 무한대로 나오는 것 같습니다. 어쩌면 그의 머릿속에는 대통령을 식물 상태(vegetative state)로 두고, 여당과 정부가 공동으로 국정을 운영하는 상황을 그리고 있는지도 모릅니다. 그렇게 되면 관련자들은 헌법상 탄핵, 형법상 공무 집행 방해죄 등으로 법적 제재를 받게 될 것입니다.

김현태 특전사 제707특수임무단장 대국민 성명을 들으면서

내란죄에 연루된 육군 대령이 모든 책임은 자신에게 있고, 부하들에게는 책임이 없다고 인터뷰하는 모습이 저에게 감동으로 다가왔습니다. 그러나 그의 그러한 행위는 자신이 살아남기 위한 연극이었다는 사실이 드러났습니다.

조금 전 유튜브를 통해 김현태 특전사 제707특수임무단장이 국민을 향해 성명서를 읽는 장면을 보았습니다. '저 자리까지 올라가느라 얼마나 많은 난관을 거쳤을까? 대통령 잘못 만나고, 국방부장관 잘못 만나고, 사령관 잘못 만난 죄로 저렇게 치욕스런 자리에 서 있구나.'라는 상념이 떠오르며 눈시울이 젖어들었습니다. 울먹이는 소리로 성명서를 낭독하는 김현태 특임단장의 눈을 보면서 우리나라 공직 사회를 떠올렸습니다.

서울과 지방 요소요소에 자리를 잡고 있는 수많은 기관의 장들, 특히 선거를 통해서 몇 년 동안의 임기가 보장되는 선출직 공직자들의 행태를 기억 저장고에서 꺼내 봤습니다. 그들이 차지하고 있는 자리는 자신의 직무 지시를 받아 일하는 공직자들의 삶을 지켜 줘야 하는 자리입니다. 자신과 함께 일하는 공직자들의 삶을 지켜 주기 위해 필요하다면 자신의 희생도 기꺼이 감내해야 합니다. 국민과 지역 주민의 삶을 위한 자기희생은 불가피합니다.

　그 자리는 자랑스러운 자리가 아니라 늘 겸손하게 머리 숙여야 하는 자리입니다. 그 자리는 절대 고독을 요구하는 자리입니다. 이것은 하나의 당위론입니다. 하지만 현실론의 차원에서 보면 전혀 다릅니다. 이유는 간단합니다. 우리가 살고 있는 이곳은 대한민국이기 때문입니다. 30대부터 지금까지 저는 대한민국의 정체성을 '총체적 부패 공화국(republic of total corruption)'이라고 부르고 있습니다.

　우리나라 공직 사회 상당수의 리더는 자신의 직무 지시를 받는 공직자들을 자신의 '사노비(私奴婢)'로, 자신이 저지르는 부정부패와 비리의 하수인으로 부려 먹고 있습니다. 부정부패와 비리를 크고 대담하게 저지르는 리더일수록 더 강한 공적 보호를 받습니다. 전관들이 그들의 뒤를 받쳐 주고, 대한민국의 공적 기능이 그들의 울타리가 되어 줍니다.

다시 앞으로 돌아가, 김현태 특전사 제707특수임무단장은 범죄 행위의 자백과 통한의 눈물에도 불구하고 내란범으로 형사 처벌을 받습니다. 국민의 용서를 구하는 그의 모습은 양형(量刑) 사유가 될 것입니다. 그의 출동 지시를 받고 국회와 중앙선거관리위원회 등을 침입한 병사들도 내란죄로 처벌받습니다. 그 병사들 중 많은 이들이 병역 의무를 이행하기 위해 입대한 청년들일 것입니다. 그 병사들은 대한민국이 지켜 줘야 하는 인재들입니다. 같은 또래의 청년들 중 힘 있는 부모를 만난 청년들은 아빠 찬스와 엄마 찬스를 써서 병역을 기피한 사례들도 있을 것입니다. 국토 방위라는 헌법상의 기본 의무를 성실히 이행하기 위해 입대한 청년들입니다. 일단 저지른 범죄를 지울 수는 없고, 천행(天幸)으로 기소 유예를 받을 수는 있을 것입니다.[*]

기소 유예!

---

[*] 김현태 제707특수임무단장이 대국민 성명서에서 밝힌 내용은 그 뒤로 사실이 아니라는 것이 밝혀졌습니다. 그는 살아남기 위해 거짓말을 한 것입니다. 그는 내란 주요 임무 종사자였습니다.

청년들이 취직하기 위해 신원 조회를 받을 때 거기에 기소 유예의 기록이 적혀서 나옵니다. 제가 1987년에 전북대학교 법과대학 교수로 임용될 때 같이 임용 심사를 받으셨던 분이 국가보안법 위반으로 기소 유예의 기록이 남아 있었고, 그 기록을 확인한 총장은 임용 심사 마지막 단계에서 그분을 탈락시켰습니다. 그 사실을 알게 된 안기부(지금의 국가정보원) 중간 간부가 학교로 와서 총장에게 그 사건은 그 사람이 재수 없어서 걸린 사건이라고, 걱정하지 않으셔도 된다고 설득했지만 총장은 자신의 뜻을 굽히지 않았습니다. 그분은 이제 막 교수가 된 저의 연구실로 찾아와 도와달라는 요청을 하셨습니다. 서울시 산하의 연구 기관에 책임 연구원으로 근무하고 있었는데, 전북대학교 본부 인사위원회를 통과했다는 소식을 학과를 통해서 듣고는 '이젠 됐구나.'라는 생각에 사표를 제출해 이미 수리되었다는 말씀도 하셨습니다. 제가 "선생님! 인사라는 것은 내 손에 임용장이 들어와야 내 자리가 되는 것입니다. 뭐가 급하다고 그렇게 서둘러서 사표를 내셨습니까?"라며 안타까운 심정을 표했습니다.

　그때부터 며칠이 지나 그분은 다시 제 연구실로 찾아오셨습니다. 큰 서류 더미를 저에게 주셨는데, 그건 행정 심판 청구서였습니다. 저는 그 청구서를 읽으면서 깜짝 놀랐습니다. 변호사가 쓰더라도 그보다 더 잘 쓸 수는 없겠다는 생각이 들었습니다. 누가 쓴 것인지 물어보자 변호사 친구에게서 행정 심판 청구에 관한 기본적인 설명을 듣고 자신이 직접 썼다고 말했습니다. 역사 전공자가 법과대학을 우수한 성적으로 졸업한 사람 수준의 글을 쓴 것입니다. 그분은 결국 교수가 되는 꿈을 접어야 했고, 그 뒤로는 연락이 없었습니다.

덧붙여

위 글에서 언급한 그분의 구체적 사연에 대해 궁금해하시는 분들이 계시는 것 같아서 좀 더 자세히 설명하겠습니다. 그분은 서울대학교 지리학과를 졸업한 뒤 일본 유학을 결심하고 지도 교수님께 자신의 뜻을 말씀드렸습니다. 지도 교수님은 그분에게 "자네는 집이 가난하여 일본에서 공부하는 게 쉬지는 않을 걸세, 내가 일본에서 자네에게 도움이 될 만한 분을 소개해 줄 테니 연락해서 만나 보게, 나도 연락해 두겠네."라면서 메모지에 일본에서 만나야 할 사람의 이름과 전화번호를 적어 주었습니다.

이후 일본 도쿄대학에 입학한 그분은 한국의 지도 교

수님께서 추천해 준 사람을 만나게 되었고, 그 사람은 매우 친절하게 대하면서 맛있는 음식을 사 주고 헤어질 때는 용돈도 쥐어 주었습니다. 그리고 두 번째 만났을 때 그 사람은 자신이 조총련(재일본조선인총련합회) 소속이라고 밝혔습니다. 깜짝 놀란 그분은 그 길로 바로 수속을 밟아 자수하기 위해 김포공항으로 들어왔습니다. 김포공항에 도착해 출구로 나가는 순간 사복을 입은 몇 사람이 다가와 손목에 수갑을 채웠고, 그 길로 안기부에 연행되었습니다. 안기부 수사관은 사건의 실체적 진실이 무엇인지 파악하게 되었고, 수사 결과를 검찰로 송부했습니다. 안기부에는 사건 종결권이 없었기 때문입니다. 이 사건을 검토한 검사는 '무혐의' 처분이 아니라 '기소 유예' 처분을 내렸습니다. 바로 그 사건의 안기부 수사관이 자신이 수사했던 피의자가 교수 임용 절차에서 어려움을 겪고 있다는 소식을 듣고 전북대학교 총장을 만나 사실을 있는 그대로 설명한 것입니다. '기소 유예' 처분을 결코 가볍게 보아서는 안 됩니다.

1986년 안기부가 발표한 서울대 000 교수 간첩단 사건의 000 교수가 그분의 지도 교수님이었습니다. 1986년은 저에게도 묘한 해였습니다. 당시 안기부는 강의 시간에 있었던 저의 발언을 문제 삼아 연행을 시도했습니다. 담

당 정보관이 총장실로 들어가 총장님에게 법과대학 김
승환 강사에 대한 체포에 동의해 달라고 압박했지만, 총
장님은 그 압박을 끝까지 버텨 내시며 체포에 대한 동의
를 거부하셨습니다. 제 기억으로 최소한 이틀 정도는 총
장실에서 그런 실랑이가 벌어졌습니다. 그 뒤 하숙집으
로 들어오는 저의 소포 우편물은 제가 열어 보기도 전에
이미 쫙쫙 찢어져 있었습니다.

비상계엄 선포가 대통령의 고도의 통치 행위라고?

헌법재판소에서 진행되고 있는 대통령 탄핵 심판 사건에서 뒤늦게 피청구인의 소송 대리인으로 이름을 올린 어느 전직 검찰 고위직 출신 변호사가 "비상계엄 선포가 대통령의 통치 행위라는 것은 다 알고 있을 텐데…"라고 거만스레 말하는 모습을 보면서 '그건 아니지.'라는 생각으로 쓴 글입니다.

12월 3일 대통령 윤석열이 행한 비상계엄 선포 행위를 '대통령의 고도의 통치 행위'라고 말하는 정치인들이 있습니다. '통치 행위'는 그것을 선포한 자에 대한 사법적 통제를 면제하기 위해 만들어진 '과거의' 헌법 이론이었습니다. 통치 행위는 그것을 선포하는 사람에게 '법이 침투할 수 없는 공간', 표현을 달리하면 '법에서 자유로운 공간(rechtsfreier Raum)'을 만들어 주기 위해 나온 이론이었습니다.

한때 지배적인 헌법 이론의 자리를 지켰던 통치 행위 이론이었지만, 제2차 세계 대전 이후에 사라졌습니다. 통치 행위 이론은 헌법상의 민주주의 원칙, 법치 국가 원칙, 기본권 보장의 원칙을 훼손하면서 비판의 십자 포화를 맞은 것입니다.

어느 나라에서든 국가 비상사태의 잠재적 가능성은 존재합니다. 이에 대비하기 위해 현대 대부분의 국가들은 헌법에 명문(明文)으로 국가 긴급권을 규정하고 있습니다. 우리나라 헌법도 제76조에서 긴급 재정·경제 명령권과 긴급 명령권을, 제77조에서 계엄 선포권(비상계엄과 경비계엄)을 규정하고 있습니다. 국가 비상사태의 가장 전형적인 사례가 '전쟁'입니다.

각국이 헌법에 명문으로 미리 국가 긴급권의 발동 요건, 절차, 효과, 통제 수단 등을 규정해 두는 목적이 있습니다. 헌법이 국가 긴급권 발동의 가능성을 열어 두면서 동시에 그 남용의 위험을 차단하기 위함입니다. 비록 대통령이 헌법 조항을 근거를 들어 국가 긴급권(예를 들어 비상계엄)을 선포했다 하더라도, 그러한 행위는 수사 기관의 수사와 법원의 재판 대상이 됩니다. 대통령의 비상 계엄 선포 행위를 통치 행위 이론으로 정당화하는 것은 헌법학 이론의 유물이 되었습니다. 1979년 12월 12일과 1980년 5월 18일을 전후로 한 신군부의 행위에 통치 행위 이론이 적용되지 않은 이유도 이 때문입니다. 「헌정질서 파괴범죄의 공소시효 등에 관한 특례법」 제1조와 제2조는 형법상의 내란죄와 외환죄 및 군형법상의 반란죄와 이적죄에는 공소 시효의 적용을 배제하고 있습니다.

현행 헌법과 법률 어디에도 대통령에게 '법에서 자유로운 공간'을 허용하지 않고 있습니다. 대법원의 판례가 밝히고 있는 것처럼 헌법을 위반하는 비상계엄 선포 행위는 내란죄입니다.

구치소와 교도소

12월 16일 아침 어느 유명 매스 미디어의 기사를 읽다가 구치소와 교도소의 구분을 못 하고 있는 걸 보면서 이 글을 쓰게 되었습니다.

범죄 혐의가 있는 사람에 대해서 수사 기관은 체포 또는 구속 상태에서 수사할 수도 있고, 불구속 상태에서 수사할 수도 있습니다. 이에 따라 피의자는 불구속 피의자 또는 구속 피의자로 구분됩니다. 피고인도 마찬가지로 불구속 피고인과 구속 피고인으로 구분됩니다.

헌법은 무죄 추정의 원칙(principle of presumption of innocence)을 규정하고 있습니다. "형사피고인은 유죄의 판결이 확정될 때까지 무죄로 추정된다."라는 헌법 제27조 제4항의 내용이 바로 무죄 추정의 원칙입니다. 무죄 추정의 원칙을 기본권의 위치에서 보면 그것은 무죄 추정권(right of presumption of innocence)이 됩니다. 헌법 제27조 제4항은 무죄 추정권의 주체를 "형사피고인"이라고 규정하고 있지만, 헌법 해석상 형사 피의자도 당연히 무죄 추정권의 주체입니다.

범죄 혐의로 수사 기관의 수사를 받고 있는 사람을 가리켜 형사 피의자라고 하고, 검사가 기소하면 그 형사 피의자의 신분은 형사 피고인으로 바뀝니다. 형사 재판에서 검사와 형사 피고인 사이에는 무기 평등의 원칙(Prinzip der Waffengleichheit, principle of equality of weapons)이 적용됩니다. 헌법 제12조 제4항과 제5항이 거듭 "변호인의 조력을 받을 권리"를 규정하고 있는 것도 형사 재판에서 검사에게는 있지만 형사 피고인에게는 없는 '무기'를 형사 피고인에게 보장해 주기 위함입니다. 여기에서 말하는 '무기'란 '법률 전문 지식'을 가리킵니다. 형사 재판의 양당사자인 검사와 형사 피고인 사이에 '법률 전문 지식'의 균형을 맞출 기회를 줌으로써 법률 전문 지식으로 무장하고 있는 검사의 '공격'에 대한 피고인의 '방어'를 실질적으로 보장해 주기 위해서입니다. 무기 평등의 원칙은 형사 피고인뿐만 아니라 형사 피의자에게도 적용됩니다.

구치소와 교도소는 다릅니다. 형사 피의자 중 구속된

사람이나 형사 피고인 중 아직 유죄의 형이 확정되지 않은 사람이 들어가는 곳을 구치소라고 말하고, 이들을 가리켜 '미결구금수'라고 부릅니다. '집행 유예'가 붙어 있지 않은 금고(禁錮) 이상의 형을 선고받았지만 아직 그 형이 확정되지 않은 형사 피고인이 들어가는 곳도 구치소입니다.

형의 확정은 1심, 2심, 3심 어느 심급에서나 이루어질 수 있습니다. 1심이나 2심에서 검사와 피고인 모두 항소나 상고를 하지 않는 경우 그 형은 확정됩니다. 대법원이 원심 판결을 파기·환송하지 않고 그대로 받아들이는 경우 대법원 판결로 형이 확정됩니다.

2와 3이라는 숫자

세상에는 우연의 일치라는 것이 있고, 그중 역사적 사건의 숫자가 일치하거나 연관되는 사례들이 있습니다. 대통령 탄핵 심판으로 어수선한 상황에서 저는 독일 뉴스 채널을 보다가 숫자와 관련한 정치 상황에서의 우연의 일치를 발견하게 되었습니다.

12월 16일(현지 시각) 독일 연방 의회(Bundestag)는 사회민주당(SPD) 소속 올라프 숄츠(Olaf Scholz) 연방 총리가 제안한 신임안(Vertraunsfrage)을 부결했습니다. 숄츠 총리는 연방 의회 재적 의원 절대 다수(absolute Mehrheit, 재적 의원 과반수)인 394표를 얻는 데 실패했습니다. 연방 의회 해산권은 연방 대통령인 프랑크-발터 쉬타인마이어(Frank-Walter Steinmeier)에게 있습니다.

비정상이 정상인 대한민국에서 살고 있는 우리들은

'만약 연방 총리가 연방 의회를 해산하지 않으면 어떻게 되는 거지?'라는 의문을 가질 수도 있습니다.

헌법 국가(Verfassungsstaat)의 토대와 전통이 탄탄한 독일에서 그런 생각을 하는 사람은 '1도' 없습니다. 연방 의회의 새로운 선거는 해산 후 60일 이내에 치러야 한다는 규정에 따라, 2025년 2월 23일에 치러집니다.

60일! 그 짧은 기간에 각 정당이 그 복잡한 공천 절차를 어떻게 밟을 수 있을까요? 이 역시 공천에 숱한 잡음과 비리가 하나의 공식처럼 따라붙는 우리나라에서나 품어 볼 수 있는 기우(杞憂)입니다. 유권자들이 공천 과정부터 주목하는 그들의 선거에서 우리나라 국민들이 '당연한 듯이' 겪는 공천 비리는 존재하지 않습니다.

대통령 윤석열이 비상계엄의 형식을 빌려 내란죄를 저지른 날이 12월 3일이고, 독일 연방 의회의 해산에 따라 새로운 연방 의회 선거를 치르는 날이 2월 23일입니다. 둘 다 2와 3이라는 숫자와 인연을 맺고 있습니다. 앞의 2와 3은 반헌법 국가인 대한민국과 관련된 숫자이고, 뒤의 2와 3은 헌법 국가인 독일과 관련된 숫자입니다.

헌법재판관 임명

국회가 선출한 헌법재판관 1명을 대통령 권한 대행이 헌법재판관
으로 임명하지 않는 행위가 발생하고 있었습니다. 국회의원들과
대통령 권한 대행이 읽어 보았으면 하는 생각에 이 글을 썼습니다.

헌법재판소는 9인의 재판관으로 구성됩니다(헌법 제111
조 제2항). 그중 3인은 국회에서 선출하는 사람을, 3인은
대법원장이 지명하는 사람을 임명합니다(제3항). 재판관
9인 모두 대통령이 임명합니다(제2항). 대통령은 재판관
9인에 대한 임명권을 행사하되, 국회에서 선출하는 3인
과 대법원장이 지명하는 3인을 재판관으로 임명해야 합
니다. 헌법은 대통령 몫 3인 외에 나머지 6인의 임명권
에 대한 대통령의 판단의 여지(Beurteilungsspielraum)를 전혀
두지 않고 있습니다. 국회의 재판관 3인 선출과 대법원

장의 재판관 3인 지명은 대통령의 임명권을 기속(羈束)한다는 뜻입니다.

윤석열 대통령은 국회의 탄핵 소추안 의결로 '직무가 정지'된 것이 아니라 "권한행사가 정지"되어 있습니다(헌법 제65조 제3항). 이 경우 "대통령이 (…) 사고로 인하여 직무를 수행할 수 없을 때"(헌법 제71조), 달리 표현하면 대통령의 유고(有故: 사고 있음)에 해당해 헌법 제71조와 정부조직법(제4장 제26조~제45조)이 규정하는 순서대로 대통령의 '권한을 대행'하게 되어 있습니다.

대통령 권한 대행의 '권한' 범위가 어디까지인지에 관해 '현상 유지적 권한'만 행사할 수 있다는 학설과 '현상 변경적 권한'도 행사할 수 있다는 학설이 있는 것은 사실입니다. 다만, 헌법재판관 9인 중 국회가 선출한 3인과 대법원장이 지명한 3인을 임명하는 것은 '하나의 요식 행위'에 불과합니다.

위에서 언급한 어느 학설에 의하든 대통령 권한 대행은 국회의 선출과 대법원장의 지명에 기속되어 헌법재판관을 임명해야 합니다. 이를 거부하는 경우 그 자체로 탄핵 소추 사유가 되거나 형법상 직무유기죄에 해당할 수 있습니다.

헌법 정신?: 헌법 용어의 오남용

윤석열 정부 출범 후 정치인들의 입에서 많이 나온 말 중의 하나가 헌법 정신이었습니다. 저는 그 사람들의 입과 얼굴 표정을 보면서 '저 사람은 자신이 하는 말의 의미를 전혀 모르고 있구나.'라는 생각이 들어 이 글을 썼습니다.

국가의 권력 구조 내에서 힘깨나 쓰는 사람들의 입에 자주 오르내리는 말이 '헌법 정신(Verfassungsgeist)'이라는 헌법 용어입니다. 그런 사람들의 면면을 훑어보면, 평생 짤막한 헌법 관련 논문 하나 제대로 써 본 적 없다는 걸 바로 알 수 있습니다. 그들은 많은 국민들이 들어본 적 없는 헌법 정신이라는 용어를 뇌까리면 자신이 헌법 이론에 해박한 듯 보일 거라 생각하나 봅니다. 그런 사람들에게 헌법 정신이 무엇인지 딱 한 줄 문장으로 설명해 보라고 하면, 그들의 얼굴은 납처럼 굳어질 것입니다.

"철학 교수는 많으나 철학자는 드물다."라는 말이 있습니다. 이 말을 원용(援用)해서 표현하면, "헌법 정신이라는 말을 하는 사람은 많으나 헌법 정신이라는 용어를 정확히 이해하는 사람은 극히 드물다."라고 말할 수 있습니다.

헌법 정신이라는 헌법 용어의 오남용은 그 자체로 헌법 정신에 반하는 것입니다. 신학자 안병무(安炳茂) 교수는 1983년에 출간한 책『시대와 증언』에서 기독교 정신을 어지럽히는 특정 집단을 가리켜 "성경을 썩은 개고기 뜯듯 한다."라고 말했습니다. 아무데나 자기 합리화를 위해서 헌법 정신을 들먹이는 사람들은 헌법을 썩은 개고기 뜯듯 하는 사람들입니다.

국회가 선출한 3인, 대법원장이 지명한 3인의 헌법재판관 임명과 관련해 대통령(또는 권한 대행)이 '시간 끌기'를 할 수 있을까?

국회가 선출한 헌법재판관 후보자를 대통령 권한 대행이 헌법재판관으로 임명하지 않는 행위가 갈수록 굳어지고 있었습니다. 그 헌법적 문제점을 더 강하게 말하고 싶었습니다.

헌법 제111조 제3항은 "제2항의 재판관 중 3인은 국회에서 선출하는 자를, 3인은 대법원장이 지명하는 자를 임명한다."라고 규정하고 있습니다. 같은 조 제2항이 "재판관은 대통령이 임명한다."라고 규정하고 있기 때문에, 대통령(또는 권한 대행)이 국회가 선출한 3인과 대법원장이 지명한 3인의 헌법재판관 임명을 '즉시' 하지 않고 '시간 끌기'를 할 수도 있지 않나라는 의문을 가질 수 있습니다.

헌법은 헌법재판소 재판관 9인 중 삼권(입법권, 집행권, 사법권)에 균등하게 3인씩의 몫을 주고 있습니다. 대통령은 집행권의 몫 3인에 대해서는 독자적으로 임명권을 행사하지만, 나머지 6인에 대해서는 입법권과 사법권의 의사에 기속됩니다. 표현을 달리하면 국회가 선출한 3인과 대법원장이 지명한 3인의 임명권 행사에는 판단의 여지가 '전혀 없다'는 뜻입니다.

집행권의 몫 3인에 대한 임명권과 나머지 6인에 대한 임명권은 임명권이라는 동일한 문언(文言, Wortlaut)을 사용하고 있지만, 그 의미는 전혀 다릅니다. 집행권의 몫 3인에 대한 대통령의 임명권은 재론(再論)의 여지가 없는 '권한'이지만, 나머지 6인에 대한 임명권은 '권한'이 아니라 '의무'의 성격이 매우 강합니다. 이러한 해석이 헌법 제정 권력자(또는 헌법 개정 권력자)의 '의지(Wille)'라고 보아야 합니다.

헌법은 삼권 중 그 어느 권력에도 헌법재판소 구성에 관한 지배적 또는 독점적 권한을 주지 않고 있습니다. 만약 국회가 선출한 3인의 헌법재판관 임명에 대해 대통령 권한 대행이 '시간 끌기'를 하면 어떻게 될까요? 그것은 권한 대행이 헌법재판소의 구성을 방해함으로써 헌법이 규정하는 헌법재판소의 기능 장애를 초래하는 반

헌법적 행위라는 비판을 면하기 어렵고, 그에 따른 법적 책임에서 벗어날 수가 없을 것입니다.

"대통령, 수사보다 탄핵 심판 절차 우선이란 생각"

탄핵 심판의 피청구인인 대통령 윤석열의 입에서 나온 말입니다. 어떤 정교한 법적 재단을 통해서 나온 말이라기보다는 한번 던져 본 말이라는 생각이 들었습니다.

매를 벌어서 맞는군요. 혹시 "수사보다 탄핵 심판 절차가 우선"이라는 것이 '헌법 정신'이라고 여기는 걸까요? 아니면 수사 기관의 '수사'를 받는 것보다 헌법재판소의 '탄핵 심판'을 받는 것이 더 안전하고 유리하다는 계산이었을까요? 그것도 아니라면 계속 논쟁거리를 만들어서 또 다른 혼란을 조성하고, 그것을 통해서 지지 세력의 결집을 도모하겠다는 판단일까요?

12·3 사건과 관련해 수사 기관이 하는 일과 헌법재판소가 하는 일은 다릅니다. 수사 기관은 대통령 윤석열을

우두머리로 저질러진 형법상의 내란죄와 군형법상의 반란죄를 수사하고 있고, 헌법재판소는 헌법 제65조 제1항에 따라 국회가 재적 의원 3분의 2 이상의 찬성으로 대통령 윤석열에 대한 탄핵 소추안을 의결해 헌법재판소에 청구한 탄핵 심판 청구를 심리하고 있습니다. 수사는 수사이고, 탄핵 심판은 탄핵 심판입니다. 수사 기관은 형법과 군형법의 거울로 이 사건을 보는 것이고, 헌법재판소는 헌법의 거울로 이 사건을 보는 것입니다.

수사보다 탄핵 심판 절차가 우선이라는 생각? 그것은 '법적으로' 아무런 의미도 고려의 여지도 없는 '그대의 아니면 말고 식 독백'일 뿐입니다.

혹시 법 실무에서 떠난 지 너무 오래되어서 법을 잘 모르시나요? 그래도 "법의 무지는 변명되지 않는다 (Ignorance of the law is no excuse)."라는 법 격언은 기억하고 있겠지요?

헌법이 대통령에 대한 탄핵 소추안 가결 정족수를 가중 다수로 규정한 이유는?

대통령 권한 대행에 대한 국회의 탄핵 소추 필요성이 제기되면서, 이 경우 탄핵 소추 의결 정족수가 국회 재적 의원 과반수인지 아니면 3분의 2 이상인지에 관한 논쟁이 불붙기 시작했습니다. 저는 이 논쟁을 조기에 진화해야 한다는 판단을 했습니다.

헌법 제65조 제1항은 국회가 탄핵 소추할 수 있는 대상자를 규정하고 있고, 제2항은 탄핵 소추안 가결 정족수를 규정하고 있습니다. 제2항 본문은 탄핵 소추안 가결 정족수로 국회 재적 의원 과반수의 찬성을 요구하고 있고, 제2항 단서는 대통령에 대한 탄핵 소추안의 가결 정족수로 국회 재적 의원 3분의 2 이상의 찬성을 요구하고 있습니다. 전자를 가리켜 절대 다수(absolute majority)라고 말하고, 후자를 가리켜 가중 다수(multiplied majority)라고 말합니다.

헌법 제65조 제2항이 대통령에 대한 탄핵 소추안의 가결 정족수를 가중 다수로 규정해 둔 헌법 이론적 이유가 있습니다. 그것은 대통령은 주권자인 국민으로부터 '직접적으로 민주적 정당성'을 부여받았기 때문입니다. 헌법 제65조의 탄핵 대상자 중 대통령만 유일하게 '직접적인 민주적 정당성'을 보유하고 있습니다. 국민의 직접 선거를 통해서 대통령의 지위를 취득했기 때문입니다.

헌법을 포함한 모든 법 규정의 해석상 '예외 조항은 엄격하게 해석'하는 것이 원칙입니다. 대통령 권한 대행은 '대행'일 뿐입니다. 대행은 주권자인 국민으로부터 '직접적으로 민주적 정당성'을 부여받은 존재가 아닙니다. 권한 대행이 되는 순간 직접적으로 민주적 정당성을 부여받은 것으로 '간주'되는 것도 아닙니다. 대통령 권한 대행에 대한 탄핵 소추안 가결 정족수는 국회 재적 의원 과반수의 찬성입니다.

덧붙여

그 시절의 저를 기억하고 계시는 분이 있네요. 그때는 자유롭고 편하게 말하고 글 쓰며 지냈습니다.

2009년 국회가 '방송법 개정법률안'을 날치기로 처리

할 때 글과 인터뷰로 그 문제점을 지적해 나갔고요. 헌법재판소는 "위헌이지만, 무효는 아니다."라는 결정을 내렸지요. 국회의원들이 다른 동료 의원들의 대리 투표를 했다는 사실이 명확히 드러났는데도, 헌법재판소는 '그들만의 언어'로 그런 결정을 내렸습니다.

2009년은 로스쿨 1기 신입생들이 입학한 해이기도 해서, 헌법 교수인 저는 강의 준비하는 데도 많은 시간과 노력을 기울여야 했습니다. 헌법 교수이긴 하지만 정치와 정당에는 적정한 거리 유지를 하고 있었던 저는 2009년 11월 무렵부터 2010년 1학기 강의에 대비해서 로스쿨 강의용 헌법 교과서 원고를 쓰고 있었습니다. 출판사 두 곳에서 원고를 달라고 부탁을 한 상태였고, 저는 1월 초에 원고 집필을 마친 다음 출판사는 그때 가서 선택하기로 마음먹고 있었습니다.

그러던 저에게 2009년 12월 중순 무렵부터 교육감 선거에 출마해 달라는 요청이 쏟아지기 시작했습니다. 연구실에는 계속해서 외부 인사들이 찾아와서 저를 설득했습니다.

저는 속으로 '내가 뭐가 부족해서 선거에 나가? 나는 선거의 선 자도 싫어. 나는 교수야. 언젠가 정년이 되어 대학의 문을 나설 때 떠나는 뒷모습이 아름다운 교수가 되고 싶어.'라는 생각으로 외부의 요청을 단호하게 거부했습니다.

문규현 신부님께서 저에게 "교수님. 전북의 교육을 생각해 주셔야지요. 출마하세요."라고 말씀하셨고, 저는 짜증스런 표정으로 "신부님까지 왜 이러십니까. 제발 이러지 마십시오."라며 거절했습니다. 하지만 문규현 신부님의 지속적인 출마 압박이 저에게는 결정타가 되었습니다.

2010년 3월 17일 전북대학교 로스쿨에서 마지막 강의를 하게 되었습니다. 제 인생에 두 번 다시 겪을 수 없는 고통스러운 순간이었습니다.

나중에 들은 말인데, 전북대학교 법과대학 졸업생들이 서로 전화를 하면서 "김승환 교수님이 교육감 선거에 출마했다는 것이 사실이냐?"라고 물었다고 합니다. 제자들은 그 사실이 전혀 믿기지 않았던가 봅니다.

제자들에게 너무 미안했습니다. 가끔 강의 시간에 저의 인생관을 말했거든요. "나는 언제 가서 봐도 그 자리에 그대로 있는 교수가 되고 싶어."라는 말이었습니다.

저를 기억해 주셔서 고맙습니다. 감격합니다.

성탄절 즐겁게 지내시고, 새해에는 가정과 자녀들과 이 나라에 대해 비는 꿈을 모두 이루시기 바랍니다.

"한덕수, 탄핵안 2분의 1 찬성해도 직무 수행해야"

한덕수의 법적 지위를 옹호하는 어느 국회의원이 한 말입니다. 그 국회의원은 국회 재적 의원 과반수와 2분의 1의 차이도 모르고 있었습니다.

조금 전 속보로 뜬 CBS 노컷뉴스(2024년 12월 14일 17시 14분 입력) 기사의 헤드라인입니다. 국회의원이라는 사람이, 그것도 법조인 출신의 다선(多選) 국회의원이 '2분의 1'과 '과반수'의 차이도 모르고 있으니 이걸 어찌해야 합니까? 방송사의 기사 입력 오류인가요? 국회 재적 의원 300명 중 2분의 1은 150명이고, 과반수는 151명 이상입니다. 과반수의 '과(過)'는 '반수', 즉 2분의 1을 지난 수입니다.

이런 황당한 사례를 막기 위해 법률안 기타 의안의 일

반 의결 정족수를 규정하고 있는 헌법 제49조 제2문은 "가부동수인 때에는 부결된 것으로 본다."라고 규정하고 있습니다. 이런 규정을 가리켜 '주의적 규정'이라고 부릅니다. 주의적 규정이란 '그럴 리는 없겠지만, 혹시라도 몰라서 두는 규정'을 말합니다.

국회가 헌법재판관 후보자 3인에 대한 청문 의견서를 채택해 정부로 이송했는데도 대통령 권한 대행이 임명권을 행사하지 않는 경우, 국회의 '헌법적' 대응 수단은?

국회가 선출한 헌법재판관 후보자 1인을 헌법재판관으로 임명하지 않고 버티는 대통령 권한 대행의 행위가 지속되면서 이 문제를 해결할 수단이 무엇인지 궁리하던 중, 국회가 헌법재판소에 권한 쟁의 심판 청구를 하면 되겠다는 판단을 하게 되었습니다. 이 글은 국회의원들과 헌법재판관들이 읽어 보도록 쓴 글이었고, 며칠 후 국회는 헌법재판관을 임명하지 않는 부작위를 이유로 권한 쟁의 심판을 청구했습니다.

국회가 본회의의 의결을 거쳐 헌법재판관 3인에 대한 청문 의견서를 채택해 정부로 이송했는데도 대통령 권한 대행이 임명권을 행사하지 않는 경우의 대응 수단을 헌법이 명문으로 규정하고 있고, 헌법재판소법이 더 구체적으로 규정하고 있습니다.

국회의 대응 수단은 헌법재판소에 대통령 권한 대행을 피청구인으로 하여 권한 쟁의 심판을 청구하는 것입니다. '청구인 능력'은 국회를 대표하는 국회의장에게도 있고, 각각 입법부의 구성원으로서 헌법 기관의 지위를 갖고 있는 국회의원에게도 있습니다.

헌법 제111조 제1항은 헌법재판소가 관장할 수 있는 사항을 열거하면서, 제4호에서 "국가기관 상호간, 국가기관과 지방자치단체간 및 지방자치단체 상호간" 권한 쟁의 심판을 청구할 수 있다고 규정하고 있습니다. 헌법재판소법 제4절(권한쟁의심판)은 제61조부터 제67조까지 권한 쟁의 심판에 관한 규정을 구체화하고 있습니다.

중요한 것은 제61조 제1항이 규정하고 있는 청구 사유입니다. 이에 관해 제61조 제2항은 다음과 같이 규정하고 있습니다. "제1항의 심판청구는 피청구인의 처분 또는 부작위가 헌법 또는 법률에 의하여 부여받은 청구인의 권한을 침해하였거나 침해할 현저한 우려가 있는 경우"라고 규정하고 있습니다.

대통령 권한 대행이 헌법재판관 임명권을 행사하지 않는 행위는 '부작위(不作爲, Unterlassung, neglect)에 해당합니다. 국회의장 또는 국회의원은 헌법재판소에 대통령 권한 대행이 헌법재판관 임명권을 행사하지 않는 '부작위'

에 대해 권한 쟁의 심판을 청구할 수 있고, 동시에 가처분 신청을 할 수 있습니다.

권한 쟁의 심판 청구 사유는 "대통령 권한 대행의 부작위가 국회의 헌법재판관 3인 선출권을 침해하였다." 입니다.

대통령 권한 대행 탄핵 소추안이 국회 재적 의원 과반수인 151인 이상의 찬성을 얻고 국회의장이 '가결'을 선포하면?

대통령 권한 대행을 대상으로 하는 탄핵 소추안 의결 정족수를 둘러싸고 정치권의 논쟁이 계속 이어졌습니다. 저는 일단 국회 재적 의원 과반수를 의결 정족수로 계산한 후, 그에 대한 문제를 제기하는 측에서 헌법재판소에 권한 쟁의 심판을 청구하라는 의견을 냈습니다.

국회가 본회의를 열어 대통령 권한 대행 탄핵 소추안에 대한 표결을 한 결과 재적 의원 과반수인 151인 이상의 찬성을 얻고, 국회의장이 '가결'을 선포하면 탄핵 소추안은 그것으로 통과하는 것입니다. 국회의장 명의로 권한 대행에게 탄핵 소추안 의결서 부본이 전달되면 '그때부터' 권한 대행의 권한 행사가 정지됩니다(헌법 제65조 제3항).

탄핵 소추안에 대한 국회의장의 가결 선포에 대해 탄핵 소추 정족수 미달을 이유로 이의를 제기하는 국회의원들은 헌법재판소에 권한 쟁의 심판을 청구하면 됩니다. 이와 반대되는 상황의 경우에도 마찬가지 논리가 적용됩니다.

　국회의장이 재적 의원 3분의 2 이상이 찬성하지 않았다는 것을 이유로 탄핵 소추안 부결 선포를 하는 경우에도 가결 정족수는 재적 의원 과반수여야 한다고 주장하는 국회의원들이 헌법재판소에 권한 쟁의 심판을 청구하면 됩니다. 왜 그럴까요?

　그것은 의사 절차에 관한 국회의 '자율권' 때문입니다. 그 대표적인 조항이 헌법 제64조입니다. 국회는 국회의원의 자격을 심사할 수 있고, 국회의원을 징계할 수 있습니다. 징계 의결 중 가장 높은 수위가 제명입니다. 헌법 제64조 제4항은 국회의 국회의원 자격 심사와 (제명을 포함한) 징계에 대해 "법원에 제소할 수 없다."라고 규정하고 있습니다. 이런 사안에 대해서는 국회 스스로 판단하라는 뜻이 담겨 있습니다.

　헌법이 '명시적으로 특정'한 사안에 대해서 사법적 다툼을 배제하는 것에는 국회 자율권 존중 의지가 강하게 깔려 있습니다. 이러한 헌법 정신은 탄핵 소추안의 가결 여부에 대한 판단에도 적용된다고 보는 것이 타당합니다.

　권한 대행에 대한 탄핵 소추안이 국회 재적 의원 300명 중 151명 이상의 찬성을 얻고, 국회의장이 가결을 선포하면 '일단' 가결 선포는 그 효력이 발생하게 됩니다. 그에 대한 다툼은 헌법재판소의 판단에 맡기는 것이 정도(正道)입니다.

"윤, 총장 땐 90도 인사·당선 뒤엔…거짓말을 술 먹듯이 술술"

윤석열 정부의 권력 남용에 대한 국민의 비판이 강도를 더해 가면서 문재인 정부의 실정(失政)에 대한 비판이 나오기 시작했습니다. 그에 대해 문재인 정부에서 요직을 거쳤던 사람들의 말이 "우리는 속았다."라는 것이었습니다. 언론 기사의 제목을 보면서 저는 한마디 해야 할 필요성을 느꼈습니다.

오늘 낮 12시 28분에 뜬 기사의 제목입니다. '인사는 만사'라는 말은 동서고금을 관통하고 있는 진리입니다. 위나라의 조조(曹操)가 촉나라와 오나라를 정복하고 삼국통일을 이룰 수 있었던 가장 큰 힘은 그의 용인술(用人術)이었습니다. 조조는 촉나라의 유비(劉備), 오나라의 손권(孫權)과 비교해서 압도적으로 많은 책사(策士)와 장수(將帥)들을 불러 모았습니다. 때로는 적장(敵將)이라 하더라도 자신이 대업을 이루는 데 필요한 사람이라면 자존심도 버리고 자신의 품으로 끌어들였습니다.

문재인 정부 사람들의 입에서 윤석열에 관한 말이 자주 나오는데, 그 문맥은 동일합니다. 그것은 "우리가 윤에게 속았다."입니다. 오늘 기사의 제목으로 뜬 "윤, 총장 땐 90도 인사·당선 뒤엔…거짓말을 술 먹듯이 술술"도 그 맥락은 "우리가 윤에게 속았다."입니다. '속았다'는 것은 '실패했다'라는 말의 또 다른 표현입니다. 인사에 실패하는 정권이 성공적으로 정치를 하는 건 불가능합니다. '속았다'고 말하든 '실패했다'고 말하든 국민 앞에 그에 대한 책임을 인정하고 사죄하는 자세를 보이는 것이 최소한의 정치 도의입니다. 문재인 정부를 이끌었던 사람들은 '책임을 인정하고 사죄하는 자세를 보일'용기도 없습니다.

2016년 11월부터 2017년 초에 이르는 추운 겨울날, 유치원에 다니는 어린아이들까지 촛불을 들고 광장으로 나가 얼어붙은 손을 입김으로 불어 가며 대통령 박근혜 탄핵을 외쳤습니다. 2017년 3월 10일 오전 11시 21분 이정미 헌법재판소장 권한 대행이 "피청구인 대통령 박근혜를 파면한다."라는 결정 주문(主文)을 선고하면서 박근혜는 대통령직을 상실했습니다.

"대통령이 판결 기타의 사유로 그 자격을 상실한 때에는 60일 이내에 후임자를 선거한다."라는 헌법 제68조 제2항에 따라 5월 9일 대통령 선거가 실시되었고, 5월 10일 문재인 대통령이 취임했습니다. 민주당은 자신의 실력이 아니라 박근혜 정부의 패착과 민주주의를 다시 밝히는 국민의 촛불로 정권을 획득한 것입니다.

정권을 잡고 직무 수행을 시작하면 국민 앞에 국정 철학을 명확히 제시하고, 그러한 국정 철학을 실행할 수 있는 인사를 철저히 했어야 합니다. 사법 고시 9수생이 검찰 내에 자신의 사단을 구축한다는 것은 이론상으로나 실무상으로나 불가능한 일입니다. 그 불가능한 일을 문재인 대통령과 주변 참모들이 가능하게 만들어 준 것입니다.

교육감 2기 후반 어느 날, 교육감협의회 총회 자리에서 경상도 어느 지역의 교육감에게 물어봤습니다. "교육감님 계시는 그 지역에서는 어떤 사람들이 청와대로 올라갔습니까?"라고 물었을 때 즉시 돌아온 대답은 "우리 지역 양아치는 다 올라갔제."였습니다. 저의 머릿속에 드는 생각은 '그 지역에서도 그랬구나.'였습니다. 그들은 마치 정해진 수순처럼 청와대에서 명함 경력을 쌓은 후, 다음 국회의원 총선거에서 고향으로 돌아가 국회의원에 당선됩니다.

2018년 어느 날 동료 교육감 한 분이 저에게 "김 교육감님. 청와대 000 수석이 우리 두 사람을 광화문에서 한번 만나고 싶다고 하네요. 점심 대접하겠다고요. 어떻습니까? 무슨 말 하는지 가서 들어 보기나 합시다."라고 말씀하셔서 "알겠습니다. 함께 만나보시지요."라고 승낙했습니다.

약속 장소에 나온 000 수석 비서관과 저는 그 자리에서 처음 얼굴을 보게 되었지만, 이미 그동안의 이력을 통해서 서로에 대해 어느 정도 알고 있었습니다. 그 자리에서 000 수석 비서관이 "저희들이 청와대에서 하는 일 중 가장 중요한 것이 대통령 여론 조사 지지율 관리하는 겁니다."라고 말했습니다. 그 표정이 유난히 쓸쓸해 보였습니다. 옆자리에 앉아 계시던 동료 교육감님이 저의 눈을 지그시 쳐다보았습니다. 저나 동료 교육감이 이미 짐작하고 있던 일이지만, 막상 권력 핵심 인사의 입에서 그 말이 나오는 걸 보면서 마음이 착잡해졌습니다.

문재인 정권이 야무지게 정치를 했더라면 국가가 결딴나는 지금의 이런 비극은 없었을 것입니다. 도대체 뭐하러 2017년 5월 9일 대통령 선거에서 정권을 잡았는지 아무리 생각해도 이해할 수 없습니다.

철학자 헤겔(Georg Wilhelm Friedrich Hegel)이 이렇게 말합니다. "역사가 우리에게 가르치는 것은, 우리는 역사에서 배우는 것이 아무것도 없다는 것이다(Was die Geschichte uns lehren, dass wir nichts aus der Geschichte lehrnt)."

체포 영장 집행을 막으면?

법원이 발부한 영장의 집행을 물리력을 동원해 막는 행위는 상상할 수도 없는 일이었습니다. 그런 일이 발생해서는 안 된다는 취지로 이 글을 썼습니다.

공수처(고위공직자범죄수사처)가 서울서부지방법원에 대통령 윤석열에 대한 체포 영장을 청구한 지 하루가 지났습니다. 대통령실과 관저에 대한 압수 수색 영장 집행을 막았던 대통령실 경호처 직원들이 체포 영장 집행도 막을지 모른다는 우려가 나오고 있습니다. 이러한 우려가 현실이 되는 경우에는 어떻게 될까요?

이 경우 체포 영장 집행을 막는 사람은 공무 집행 방해죄(형법 제136조) 또는 특수 공무 방해죄(형법 제144조)로 영장 없이 현행범 체포를 당하게 됩니다. 특수 공무 방해죄란, "단체 또는 다중의 위력을 보이거나 위험한 물건을 휴대하여 공무집행을 방해하거나 특수공무방해를 하는 자"에게 적용되는 범죄로서, 공무 집행 방해죄보다 가중 처벌을 받게 됩니다.

법원이 발부한 체포 영장이나 구속 영장 또는 압수·수색 영장을 집행하지 못하는 나라는 국가가 아닙니다.

체포 영장 발부는 불법·무효라고?

법원이 대통령 윤석열에 대해 발부한 체포 영장을 불법·무효라고 주장하며 영장 집행을 막는 행위가 나타나기 시작했습니다. 저는 이것을 법치 국가의 근간을 뒤흔드는 사안으로 보고 이 글을 썼습니다.

서울서부지방법원이 '12·3 내란죄' 우두머리 혐의자인 대통령 윤석열에 대한 체포 영장을 발부했습니다. 대통령 측은 체포 영장의 발부가 "불법·무효"라고 주장합니다. 법원이 체포 영장, 구속 영장, 압수 수색 영장을 발부한 행위가 불법·무효인지 아닌지에 대한 판단권을 형사 피의자가 갖는 건 아닙니다. 그것은 나중에 형사 재판 단계에서 형식과 절차를 갖춰 피고인의 방어권 행사 형식으로 주장하고, 그에 대한 재판부의 판단을 받으면 되는 것입니다.

재직 중인 대통령에게 불소추 특권을 부여하는 헌법 제84조도 비교 헌법적으로 볼 때 매우 이례적인 것입니다. 예외적인 특권은 엄격하게 해석·적용해야 합니다. 대통령의 불소추 특권은 "모든 국민은 법 앞에 평등하다."라는 '일반적 평등의 원칙(allgemeiner Gleichheitssatz, principle of general equal treatment)'에 '균열'을 가하는 '예외 조항'입니다.

형법 제53조는 "범죄의 정상(情狀)에 참작할 만한 사유가 있는 경우에는 그 형을 감경할 수 있다."라고 규정하고 있습니다. 이름하여 '임의적 감경'입니다. 법원이 발부한 체포 영장에 대해 "불법·무효"라고 주장하는 것은 매를 벌어서 맞는 행위입니다.

대통령(또는 대통령 권한 대행)이 헌법재판관 임명권으로 국회의 헌법재판관 3인 선출권과 대법원장의 헌법재판관 3인 지명권을 침해하는 행위를 원천 봉쇄하는 방법

국회가 선출한 헌법재판관 후보자를 헌법재판관으로 임명하지 않는 행위에 대해 국회가 헌법재판소에 권한 쟁의 심판을 청구했습니다. 저는 헌법재판소가 헌법 위반과 법률 위반이라는 결정을 선고하더라도 대통령 권한 대행이 계속 버티기를 할 것으로 예상하고 헌법재판관들에게 하나의 대안을 제시했습니다. 헌법재판관들은 저의 의견을 받아들이지 않았습니다.

헌법 제111조 제2항과 제3항은 헌법재판관 9인을 대통령이 임명하되, 그중 3인은 국회가 선출하는 자를, 3인은 대법원장이 지명하는 자를 "임명한다."라고 규정하고 있습니다. 대통령 몫 3인 재판관의 임명권은 대통령에게 선택권을 주지만, 나머지 6인에 대해서는 국회가 선출하는 3인과 대법원장이 지명하는 3인을 임명하도록 하고

있습니다. 특히 국회가 선출한 3인과 대법원장이 지명한 3인의 임명에 대해서 헌법은 대통령에게 판단의 여지를 주지 않고 있습니다.

헌법 조항의 취지가 이러함에도 불구하고 권한 행사가 정지되어 있는 국무총리 한덕수는 국회가 선출한 헌법재판관 후보자 3인에 대한 임명을 하지 않았고, 그 후임인 최상목 권한 대행은 3인 중 2인에 대해서만 임명하고 나머지 1인에 대한 임명을 보류했습니다. 최상목 권한 대행이 헌법재판관 1인의 임명을 보류한 행위는 헌법기관인 헌법재판소의 정상적인 헌법 기능 수행을 방해함으로써 헌법 장애 상태를 초래한 것과 동시에, 국회의 헌법재판관 3인 선출권을 침해한 것입니다. 권한 대행 자신에게는 헌법상 탄핵 사유가 발생한 것이고, 권한 대행의 부작위로, 즉 헌법재판관을 임명하지 않는 행위로 국회와 국회의원들은 헌법재판관 선출권을 침해당한 것입니다.

앞으로도 이런 반헌법적 행위가 발생할 여지는 얼마든지 있습니다. 이러한 사태의 재발을 원천 봉쇄하는 방법이 있습니다. 그것은 헌법재판소가 이에 관한 결정례(決定例)를 세우는 것입니다. 헌법재판소가 이러한 결정례를 만드는 데는 국회의장이나 국회의원의 협력이 필요합니다. 그것은 국회의장이나 국회의원이, 대통령 권한 대행이 국회가 선출한 헌법재판관 3인 중 나머지 1인을 임명하지 않음으로써 국회의 권한을 침해했다는 이유로 헌법재판소에 권한 쟁의 심판을 청구하는 것입니다.

헌법재판소법 제61조 제2항은 "제1항의 심판청구는 피청구인의 처분 또는 부작위(不作爲)가 헌법 또는 법률에 의하여 부여받은 청구인의 권한을 침해하였거나 침해할 현저한 위험이 있는 경우에만 할 수 있다."라고 규정하고 있습니다. 헌법재판소가 권한 쟁의 심판에서 대통령 권한 대행의 부작위가 국회의 헌법재판관 선출권을 침해했다고 결정했음에도 불구하고 권한 대행이 계속 임명하지 않는 경우의 해결 방법도 있습니다.

그것은 헌법재판소가 법률 또는 법률 조항에 대한 '헌법 불합치 결정'을 선고할 때 사용하는 방법입니다. 헌법재판소는 법률 또는 법률 조항에 대한 헌법 불합치 결정을 선고하면서 국회에 법률 또는 법률 조항의 개정 시한을 설정하고, 그 시한이 경과하면 당해 법률 조항의 효력이 상실된다고 선언하기도 합니다.

이러한 방식을 이 사건에 원용한다면, 헌법재판소는 이 사건, 즉 국회가 선출한 헌법재판관 3인에 대한 대통령 권한 대행의 임명권을 '이 사건에 한해' 상실시키고,

헌법재판관 3인에 대한 임명권이 행사된 것으로 간주하
는 것입니다.

수거 대상?

12·3 비상계엄 때 거의 모든 사람들이 처음으로 들어 보는 '수거 대상'이라는 말이 나왔습니다. 저는 그것을 살생부라고 보았고, 살생부의 역사에 관해 간략하게 정리했습니다.

수거 대상!

노상원 전 정보사령관의 수첩에서 나온 네 글자입니다. 낯설면서 어딘지 익숙하게 시야에 들어오는 글자였습니다. 처음 보는 용어라서 낯설었고, 뭔가 겹치는 또 다른 용어가 떠올라서 익숙했습니다. 그 익숙한 용어는 "최종 해결책"이었습니다.

"최종 해결책"은 아돌프 히틀러(Adolf Hitler)의 나치스(NAZIS)가 자행한 유대인 학살 작전명이었습니다. 정확하게는 "유대인 문제의 최종 해결책(Endlösung der Judenfrage)"입니다.

수거 대상과 겹치는 또 다른 용어가 저의 기억의 그물망에 걸려들었습니다. 그것은 "살생부(殺生簿)"였습니다. 한명회(韓明澮)의 손에 들려 있었던 살생부에는 수양대군(首陽大君)의 정적으로 분류된 사람들의 이름이 적혀 있었습니다.

수거 대상!

거기에는 '격노의 달인' 대통령 윤석열의 격노를 불러일으킨 사람들의 이름이 적혀 있었습니다. 그중에는 '이 사람이 어떤 일로 그를 격노하게 만들었지?'라는 의문이 드는 사람들도 있었습니다.

중대한 헌법 위반 또는 중대한 법률 위반이란?

대통령 윤석열 탄핵 심판과 관련해 언론에서는 계속 '중대한 헌법 위반 또는 중대한 법률 위반'이라는 용어가 나오고 있었습니다. 이미 노무현 대통령 탄핵 심판 사건 때 이 용어를 만들어 낸 제가 직접 중대한 헌법 위반 또는 중대한 법률 위반이 의미하는 것이 무엇인지 구체적으로 설명할 필요를 느꼈습니다.

이미 이곳에서 몇 차례 언급했던 것처럼, 2014년 3월 9일 여당인 열린우리당과 야당인 한나라당의 국회의원들이 합세해 국회 본회의에서 대통령 노무현 탄핵 소추안을 가결했습니다.

그때까지 대통령 탄핵 소추와 탄핵 심판에 관한 아무런 선례(先例)도 논문도 없는 상황에서 저는 『고시계(考試界)』편집장의 다급한 전화를 받았습니다. 헌법재판소에서 혹시 『고시계』에 대통령 탄핵 관련 논문이 있는지 물어봤고, 편집장은 그런 논문이 없다고 답한 뒤 제게 급히 연락을 하게 되었다는 겁니다. 4월 호 잡지가 3월 25일까지는 서점에 깔려야 해서 시간 여유가 많지 않지만 글을 좀 써 달라는 부탁을 받고 쓴 글이 「헌법 특강: 탄핵 제도」였습니다.

그 글을 통해 제가 만들어 낸 용어가 "중대한 헌법 위반"과 "중대한 법률 위반"이었습니다. 조금 더 구체적으로 말한다면 대통령의 직무 수행과 관련한 '모든' 헌법 위반이나 '모든' 법률 위반이 탄핵 사유가 되는 것이 아니라 '중대한' 헌법 위반이나 '중대한' 법률 위반이 있어야 대통령을 탄핵할 수 있다는 것이었습니다. 저는 "탄핵 소추 사유는 더 이상 공직 수행을 위임할 수 없을 정도로 중대한 헌법 위반이나 중대한 법률 위반이라고 보는 것이 올바른 헌법 해석이다."라고 썼습니다.

이 새로운 헌법 용어는 노무현 대통령 탄핵 심판 사건에서 원용되었고, 2017년 박근혜 대통령 탄핵 심판 사건에서 다시 한번 원용되었습니다.

헌법재판소는 노무현 대통령 탄핵 심판 청구 사건에서 "헌법재판소법 제53조 제1항의 '탄핵심판 청구가 이유 있는 때'란 모든 법위반의 경우가 아니라, 단지 공직자의 탄핵을 정당화할 정도로 '중대한' 법위반의 경우를 말한다."라고 판시(判示)했습니다.

문제는 사람들이 이 지점에서 마땅히 품어야 할 의문을 갖지 않는다는 것입니다. 그도 그럴 것이 우리나라 사람들은 유치원 원아 때부터 대학생 시절까지 질문 없는 교육, 주입식 교육, 단순 암기 교육과 정답 맞추기 교육에 익숙해져 있기 때문입니다.

이런 질문을 해야 합니다. 그것은 "도대체 어느 정도의 헌법 위반이나 법률 위반이 '중대한' 위반이지?"라는 질문입니다. 저는 위에 언급한 글에서 이렇게 말했습니다. "대통령직 수행과 양립할 수 없을 정도의 중대한 헌법 위반이나 법률 위반이 있어야 한다."라고.

이러한 설명에는 또 다른 질문이 이어져야 합니다. 그것은 "중대한 헌법 위반이나 중대한 법률 위반과 중대하지 않은 헌법 위반이나 중대하지 않은 법률 위반을 나누는 구분 선은 뭐지?"라는 질문입니다.

저는 이렇게 썼습니다.

"헌법 제84조*는 불체포 특권을 누리는 현직 대통령의 경우에도 내란죄 또는 외환죄를 범한 경우에는 불체포

---

* 헌법 제84조: 대통령은 내란 또는 외환의 죄를 범한 경우를 제외하고는 재직 중 형사상의 소추를 받지 아니한다.

특권을 누리지 못하도록 하고 있다, 대통령이 내란죄 또는 외환죄를 범한 경우에는 그를 그 자리에서 끌어내리라는 것이다, 따라서 대통령 탄핵 사유인 '중대한' 헌법 위반이나 '중대한' 법률 위반이란 내란죄 또는 외환죄와 상응하는 정도의 헌법 위반이나 법률 위반이라고 봐야 한다."

경호처 직원들은 경호처장의 위법한 직무 명령에 따르지 않을 의무가 있습니다

명령과 복종을 생명처럼 여기는 공조직에서는 상관이 내리는 명령에 대해서는 그 적법성 여부를 따지지 않고 무조건 따라야 한다는 의식이 팽배해 있습니다. 대통령과 대통령 관저에 대한 법원의 체포 영장과 수색 영장의 집행을 막으라는 대통령실 경호처장의 위법한 명령에 따르는 경우, 그러한 명령에 따른 경호처 직원들의 형사법적 책임이 어떤 것인지를 알려 주고 싶었습니다.

공수처가 법원이 발부한 체포 영장과 수색 영장을 집행하기 위해 한남동 대통령 관저로 갔다가 실패하고 돌아왔습니다. 공수처가 국민에게 보여 준 것은 '우리 공수처는 이 정도로 무능하다'였습니다.

　공수처가 영장을 집행하는 행위는 적법한 행위입니다. 그것을 막는 행위는 위법한 행위, 즉 범죄 행위입니다. 공무 집행 방해죄, 특수 공무 집행 방해죄, 직권 남용·권리 행사 방해죄로 형사 처벌을 받게 됩니다. 가장 눈에 띄는 사람은 경호처장입니다. 그는 법원의 영장 발부도 무시하는 초법적(超法的) 범죄 행위를 저질렀습니다. 그에 대해서는 현행범 체포 요건이 충족되었기 때문에, 공수처는 그 자리에서 그를 현행범으로 체포했어야 합니다.

스크럼을 짜고 영장 집행을 방해한 병사(兵士)들은 경호처장의 위법한 직무 명령을 거부했어야 합니다. 그들 모두 경호처장에게 적용되는 범죄의 '방조범'이 되는 것이고, 방조죄는 이미 기수(旣遂)에 이르렀습니다. 재판 단계에서 경호처장의 위압적인 행위에 눌려 어쩔 수 없었다고 항변한다면, 그것은 양형 참작의 사유는 될 수 있을지언정 형벌 면제의 사유는 될 수 없습니다. 특히 병사들의 경우 병역 의무 이행 과정에서 불가항력적인 직무 명령에 따르지 않을 수가 없었다고 항변하더라도 형사 책임에서 벗어날 수 없고, 법원의 유죄 판결이 확정되는 경우 그때부터 전과자 기록이 따라붙게 됩니다.

대통령 탄핵 심판과 내란죄 형사 재판이 모두 마무리된 다음, 국회가 해야 할 일이 있습니다. 국회는「고위공직자범죄수사처 설치 및 운영에 관한 법률」(이하「공수처법」)을 폐지하고, 국가 수사권과 국가 형벌권의 과잉 행사를 방지하고 적정한 행사를 확보하기 위한 입법 절차를 개시해야 합니다. 국가 수사권과 국가 형벌권의 행사에서 가장 핵심적인 것은 어느 정파도 영향을 끼치지 못하도록 하는 것입니다. 즉, 국가 수사권과 국가 형벌권의 사유화나 권력 사냥개 노릇을 철저하게 방지하는 시스템을 구축하고, 그러한 시스템에서 일탈하는 자에 대한 법적 응징을 가혹하리만치 서슬 퍼렇게 해야 합니다.

덧붙여

'중립성(neutrality)'과 '독립성(independence)'이라는 두 개의 용어는 그 의미 차이가 큽니다. 가끔 '검찰권의 독립성'을 보장해 줘야 한다는 말이 나옵니다. 그건 틀린 용어입니다. 검찰권에 요구되는 것은 '독립성'이 아니라 '중립성'입니다. 검찰권 행사의 중립성은 특히 집권 세력과 기득권 세력에게 치우쳐서 검찰권을 행사하지 말라는 의미를 갖고 있습니다. 물론 우리나라에서는 '연목구어(緣木求魚)'이지만요.

'독립성'이 적용되는 것은 법관의 심판 독립입니다. 법관은 재판할 때 어느 누구의 명령과 지시도 받지 않는다는 것이 법관의 심판 독립성입니다. 헌법 제103조가 이

것을 명시하고 있습니다. "법관은 헌법과 법률에 의하여 그 양심에 따라 독립하여 심판한다."라는 규정입니다.

검사와 달리 법관은 한 사람 한 사람이 헌법 기관입니다. 검사는 사건의 결론을 내릴 때 결재 라인을 밟아 결재를 받지만, 법관은 자신이 맡은 사건에 어느 누구의 개입도 허용하지 않게 되어 있습니다.

그걸 모를 리 없는 대통령 윤석열이 살생부에 전직 대법관 두 명과 현직 법관 한 명의 이름을 집어넣으라고 한 것이지요. 무식의 극치입니다.

최상목 대통령 권한 대행은 대통령실 경호처장과 경호차장에 대해 '직무 배제 조치'를 내려야 합니다

권력 분립의 원칙상 행정권(집행권)이 하는 일 중 가장 중요한 일이 법률을 집행하는 것입니다. 대통령과 대통령 관저에 대한 법원의 영장 집행을 막는 경호처장과 경호차장의 행위는 형법상의 특수 공무 집행 방해죄 등에 해당하는 것이었습니다. 대통령 권한 대행 최상목은 위 두 사람이 더는 직무를 수행하지 못하도록 필요한 조치를 해야 함에도 강 건너 불구경하듯 하고 있었습니다.

'직무 배제 조치'란 행정 기관의 장이 자신의 직무상 명령을 받는 공무원에게 그 정상적인 직무 수행을 기대하기가 현저하게 어려운 사정이 있을 때 내리는 일시적 조치를 말합니다. '직무 배제 조치'는 직위 해제 처분이나 징계 처분과는 달리 그 자체가 하나의 '사건성(事件性)'을 이루지 않기 때문에, 해당 공무원은 그 조치에 대한 행정 심판 청구를 할 수 없고 법원에 행정 소송을 제기할 수도 없습니다. 행정 소송을 제기할 수 없기 때문에 가처분 신청도 할 수 없습니다.

공수처는 1월 3일 법원이 발부한 대통령 윤석열에 대한 체포 영장과 수색 영장을 집행하기 위해 대통령 관저로 들어갔지만, 경호처장과 경호차장의 위력을 동원한 완강한 저항에 부딪혀 영장 집행에 실패했습니다. 경호처장과 경호차장은 그러한 행위로 형법상의 공무 집행 방해죄, 특수 공무 집행 방해죄와 직권 남용·권리 행사 방해죄의 혐의를 받고 있습니다. 그들은 경찰의 출석 요구에도 불응하고 있습니다.

상황이 이렇다면 대통령 권한 대행 최상목은 그 두 사람에 대해 즉시 '직무 배제 조치'를 내려야 합니다. '직무 배제 조치'를 당한 공무원은 자신의 근무지에 나타날 수도 없습니다. 권한 대행이 마치 자신이 관여할 일이 아닌 것처럼, 또는 자신에게는 그런 권한이 없는 것처럼 모르쇠로 일관하는 경우에 그에게는 경호처장과 경호차장이 저지른 공무 집행 방해죄, 특수 공무 집행 방해죄와 직권 남용·권리 행사 방해죄의 '방조범' 혐의가 붙을 수 있습니다.

덧붙여

우리나라 공직 사회는 늘 해 오던 일을 반복적으로 하는 것 또는 새로운 기술 진보에 맞춰 나가는 건 매우 능숙하게 잘합니다. 정작 중요한 것은 새로운 사안이 발생했을 때 그 사안을 창의적으로 풀어 나가는 능력을 갖추는 건데, 그게 부족합니다.

어려서부터 아이들에게 단순 암기 교육, 주입식 교육, 점수 따기 교육을 시키다 보니 아이들은 정작 중요한 '스스로 생각하는 힘'을 기를 기회를 놓쳐 버리는 거지요. 대통령도 장관도 우리나라 교육이 걸어야 할 정도(正道)를 알지 못하고 허송세월만 하고 있습니다.

장관을 세울 때도 그 분야의 전문가들 중에서 어느 정도 정치적 감각도 갖추고 있는 사람을 발탁해야 하는데, 맨날 집권 세력 내에서 논공행상하듯 인사를 하다 보니 장관이 되어서도 부처를 제대로 장악하지 못합니다. 이런 사람들이 장관 자리에 앉아서 자신의 정치질을 하고 있는 것이 우리나라의 엄연한 현실이고, 이건 앞으로도 어느 정당이 집권하든 마찬가지일 겁니다.

"비상계엄은 원칙적으로 통치 행위입니다. 그에 대해서 이의가 없는 것으로 알고 있는데."

헌법재판소의 대통령 탄핵 심판 피청구인 측의 변호사들 입에서 2024년 12월 12일에 이어 거듭 구시대의 헌법 용어들이 나오고 있었습니다. 이번에는 "비상계엄은 원칙적으로 통치 행위입니다."라는 것이었습니다. 그런 주장의 오류를 다시 한번 바로잡아 줘야 한다는 필요성을 느꼈습니다.

탄핵 심판 청구 피청구인(대통령 윤석열) 측 소송 대리인의 입에서 나온 말입니다. 저는 묻고 싶습니다. 비상계엄은 원칙적으로 통치 행위라고 말하는 헌법 전문가가 '아직도' 있습니까? 있다면 그 헌법 전문가는 누구입니까?

　통치 행위 이론이 한때 있었던 것은 사실입니다. 아돌프 히틀러 치하의 독일에서(Regierungsakt, 통치 행위), 영국에서(royal prerogative, 국왕의 특권), 프랑스에서(acte de gouvernement,

통치 행위), 일본에서(とうちこうい, 통치 행위), 그리고 한국에서 통치 행위 이론이 있었습니다.

영원히 존속할 것 같았던 통치 행위 이론은 제2차 세계 대전이 끝나고 각국에서 '법의 지배 이론' 또는 '법치 국가 이론'이 정착되면서 지금은 '헌법학의 유물'로 전락해 버렸습니다. 굳이 이름을 붙이자면 통치 행위 이론은 '헌법 박물관'의 대표적 전시물들 중 하나입니다. 지금은 국가 권력의 이름으로 행사되는 모든 행위가 헌법과 법률의 통제를 받고 있습니다.

공부합시다, 제발! 시대가 근본적으로 변한 줄도 모르고 마치 주문(呪文)처럼 통치 행위 이론을 주장하는 분들에게 정중히 권합니다. 독일연방헌법재판소의 판례 중 헌법학 이론의 금자탑이 되어 있는 판례 한 건만, 처음부터 끝까지, 부사 하나라도 건너뛰지 말고 정독(精讀)해 보십시오.

탄핵 심판 청구 사유에 내란죄를 넣을 경우와 뺄 경우의 차이는?

대통령 탄핵 심판의 변론 준비 기일에서 주심 재판관은 국회 측, 즉 청구인 측에 탄핵 심판 청구서에 굳이 내란죄라는 형사법상의 죄명을 넣을 필요가 있느냐는 지적을 했고, 청구인 측은 그 지적대로 내란죄라는 용어를 삭제했습니다. 바로 이런 걸 위해서 변론 준비 기일이 필요한 것인데, 이를 절차상의 하자로 확대 해석하는 사람들이 있었습니다.

형사 재판은 형사 피고인의 유·무죄를 판단하는 재판이고, 탄핵 재판은 피청구인의 탄핵 사유 존재 여부를 판단하는 재판입니다. 재판을 받는 당사자는 동일하지만, 재판의 목적은 다릅니다.

국회는 재적 의원 3분의 2 이상의 찬성으로 대통령 윤석열에 대한 탄핵 소추안을 의결했고, 그 의결을 근거로 헌법재판소에 대통령 윤석열 탄핵 심판 청구를 했습니다.

이 사건에서 헌법재판소가 확인하는 것은 대통령 윤석열의 12월 3일 비상계엄 선포 행위, 그 행위의 실행 계획과 수단들에 더는 공직 수행을 위임할 수 없을 정도로 중대한 헌법 위반이나 중대한 법률 위반이 존재하는지 여부를 판단하는 것입니다. 12·3 비상계엄에 이르는 과정에서 어떠한 형사 범죄를 저질렀는지에 대한 판단은 헌법재판소의 관장 사항이 아닙니다.

이 사건 청구인이 청구 사유로 '내란죄'를 포함시킨 것은 바로 국회가 탄핵 심판 청구 사건에 대한 헌법적 이해를 정확히 하지 못했기 때문입니다. 청구인은 청구서에 '000 범죄'라는 형법적 판단의 문구는 집어넣을 필요가 없었습니다. 아마도 청구인 측은 뒤늦게 이 사실을 인식하게 된 것 같습니다.

피청구인 측으로서는 청구인이 청구 사유로 형법상의 내란죄를 포함시킨 것을 알고 쾌재를 불렀을지도 모릅니다. 피청구인 측은 내란죄에 대한 법원의 확정 판결을 지켜본 다음에 탄핵 여부를 판단해야 한다는 주장을 집요하게 할 수 있다는 계산을 할 수도 있습니다. 그들은 절호의 '방어 무기'를 거머쥘 수 있기 때문입니다. 이 경우 내란죄에 대한 형사 재판의 1심, 2심, 3심(대법원)을 거치다 보면, 대통령 윤석열의 임기 5년은 거의 채우게 될 수도 있습니다.

헌법재판소의 헌법 재판이 갖는 특유의 기능이 있습니다. 그것은 헌법재판소 결정의 '정치 형성적 기능'입니다. 헌법재판소의 결정은 단순히 청구 사유의 존재 여부에 대한 유권적 판단을 내려 헌법적 분쟁을 종식시키는 것뿐만 아니라, 그 결정이 정치의 정상적인 전개에 어떠한 영향을 끼치는지도 살피게 된다는 뜻입니다. 특히 탄핵 심판 청구 사건의 피청구인이 대통령인 경우, 헌법재판소는 대통령 지위의 정치적 비중을 고려해 '공정하되, 최대한 신속하게' 결론을 내리는 것이 바람직합니다.

청구인 측이 청구 사유에서 내란죄 혐의를 빼겠다는 주장을 하더라도, 그 주장을 받아들일 것인지 여부는 헌법재판소가 결정합니다. 검사가 피고인에 대한 유죄 판결을 받아내기 위해서는 범죄 사실에 대한 엄격한 증명을 해야 하는 형사 재판에서도 검사는 법원(재판부)의 허가를 얻어 공소장에 기재한 범죄 사실 또는 적용 법조의 추가, 철회 또는 변경을 할 수 있습니다(「형사소송법」 제298조 제1항 제1문).

군대에서 병사들이 몸 상태가 좋지 않아 의무실로 군의관을 찾아가는 경우가 있습니다. "너는 어디가 아파서 왔어?"라는 군의관의 질문에 병사가 "예. 위장이 아파서 왔습니다."라고 대답하면 군의관의 입에서는 "야! 네가 의사냐? 어떻게 네가 위장이 아픈지 어디가 아픈지 아냐? 이 XX가 군기가 빠져가지고."라며 힐난을 합니다.

탄핵 심판 청구 사유로는 국회의 탄핵 소추 의결을 받은 자가 저지른 행위에 대한 사실 관계를 증거를 들어 명확하게 설명한 후, 그러한 사유는 대통령을 파면할 만한 중대한 헌법 위반이나 중대한 법률 위반에 해당한다는 것만 써 넣으면 됩니다.

언론의 무지(無知)는 나라를 구할 수도 있습니다

대통령 탄핵 심판이 진행되면서 저는 언론의 무지 또는 집단 무지가 매우 심하다는 것을 느끼면서 1996년 2월 17일 헌법재판소가 「5·18민주화운동 등에 관한 특별법」에 대한 합헌 결정을 내리던 상황이 떠올랐습니다. 그때 언론은 헌법재판소 결정문을 어떻게 읽는 것인지 그 방법을 모르고 있다는 것이 저의 판단이었습니다. 그러한 무지는 2025년 대통령 탄핵 심판에도 그대로 이어졌습니다.

1996년 2월 17일 헌법재판소는 우리나라의 운명을 가르는 중요한 결정을 선고했습니다. 선고의 대상은 「5·18민주화운동 등에 관한 특별법」(줄임말 「5·18민주화운동법」)이고, 그 핵심 조항은 공소 시효 진행의 정지에 관한 규정이었습니다.

　「5·18민주화운동법」 제2조는 "1979년 12월 12일과

1980년 5월 18일을 전후하여 발생한 「헌정질서 파괴범죄의 공소시효 등에 관한 특례법」 제2조의 헌정질서 파괴범죄와 반인도적 범죄에 대하여 해당 범죄행위의 종료일부터 1993년 2월 24일까지의 기간은 공소시효의 진행이 정지된 것으로 본다."라고 규정하고 있습니다.

이 조항의 입법 취지는 "전두환과 노태우는 대통령으로 재직했기 때문에 헌법 제84조가 규정하는 불소추 특권이 적용되지만, 내란죄의 경우에는 불소추 특권이 배제되기 때문에 국가는 두 사람을 대통령 재직 중에도 형사 소추할 수 있었다. 형사 소추할 수 있다는 것은 대통령 재직 기간 중 공소 시효가 정지되지 않고 진행된다는 것이다. 결국 두 전직 대통령이 저지른 내란죄의 공소시효 15년은 이미 완성되었다."라는 논리를 깨자는 것이었습니다.

전두환·노태우 측에서는 헌법 이론이 이러함에도 불구하고 "이미 완성된 공소 시효의 진행을 정지시키는 것은 헌법이 보장하는 '형벌 효력 불소급의 원칙'에 반하기 때문에 무효다."라는 방어 논리를 폈습니다.

헌법재판소 재판관 9인 중 한정 위헌 의견은 5인, 합헌의견은 4인으로 위헌 의견이 1인 더 많았습니다. 헌법재판소는 이 사건 전까지 이런 결과가 나오는 사건의 결정 주문에 "헌법에 위반된다고 선언할 수 없다."라고 썼습니다. 종다수(從多數) 의견은 위헌이지만 위헌 결정 정족수에 미달할 때 쓰는 결정 주문의 형식이었습니다. '종다수'란 '다수 의견에 따르면'이라는 의미입니다. 당시까지 이런 주문 형식의 결정을 가리켜 "위헌불선언(違憲不宣言) 결정"이라고 말했습니다.

이 사건에 대한 결정 주문은 「5·18민주화운동 등에 관한 특별법」 제2조는 헌법에 위반하지 아니한다."라는 것이었습니다. 이런 주문 형식의 결정을 가리켜 "단순 합헌 결정"이라고 말합니다. 이 결과를 보면서 저는 바짝 긴장했습니다. '위헌 의견이 한 명 더 많다는 것을 언론이 알면 큰일인데 이 일을 어쩌나, 보수 언론은 「5·18 민주화운동법」은 사실상 무효라며 입에 게거품을 물고 대국민 선전전을 펼칠 건데 그 혼란을 무엇으로 막을 수 있을까?'라는 걱정을 하기 시작했습니다. 시일이 지나면서 저의 마음은 진정되었습니다. 저는 '언론이 이걸 모르고 있었구나, 언론의 무지는 나라를 구할 수도 있구나.'라는 생각을 하며 홀로 슬며시 웃었습니다.

민주주의는 페스티벌을 먹고 산다

군부 또는 대통령이 군을 동원해서 권력을 찬탈하거나 권력을 강화하는 행위에 맞서 주권자인 국민이 저항하는 양상에도 많은 변화가 일어나고 있었습니다. 12·3 비상계엄을 막아서고 그때부터 시민들이 광장에 나와 시위를 하는 모습이 하나의 페스티벌처럼 보였습니다. '바로 저것이다!'라는 생각으로 쓴 글입니다.

대통령 윤석열에 대한 탄핵 심판 청구에서 청구인 측(국회)이 적시하고 있는 탄핵 사유를 준비 기일에서 헌법재판관들이 간결하게 정리했고, 헌법재판소가 정리한 다섯 가지 청구 사유 중 하나만 인정해도 대통령은 파면됩니다. 이 경우 탄핵 심판 청구에 대한 헌법재판소의 결정 주문은 "피청구인 대통령 윤석열을 파면한다."로 적힙니다. 이 결정이 선고되는 순간 피청구인의 대통령 직위는 상실됩니다.

헌법학자의 한 사람으로서 볼 때 윤석열의 대통령직 상실은 명약관화합니다. 12·3 비상계엄 선포에서 대통령 윤석열의 결정적 패착은 무엇이었을까요? 그것은 대통령의 비상계엄 선포에 대한 민주적 통제 수단으로 헌법이 규정해 놓은 국회의 "계엄 해제 요구권"(헌법 제77조 제5항) 행사를 무력화하려 했다는 것입니다.

너무 걱정하지 마십시오. 시위를 하시되, 페스티벌처럼 하십시오. '민주주의 페스티벌!'

"민주주의는 피를 먹고 산다(Democracy lives on blood)."라는 고전적 구호가 전해 내려오는데, 이번 기회에 우리는 "민주주의는 페스티벌을 먹고 산다(Democracy lives on festival)."라는 구호로 바꿔 볼 수도 있을 겁니다.

윤 측 "적법한 영장이면 응하겠다"?

헌법재판소의 탄핵 심판과 법원의 내란죄 재판에 대한 윤석열 측의 대응에는 기상천외한 것들이 많았습니다. 급기야 법원이 발부한 영장의 적법성 여부를 직접 검토해서 적법한 영장이면 응하겠다는 말까지 나왔습니다.

대한민국의 헌법과 형사법은 법원이 발부한 체포 영장의 집행에 응할 것인지 이를 거부할 것인지에 대한 선택권을 형사 피의자에게 주지 않고 있으며, 실무상 그러한 선택권을 인정한 사례도 없습니다. 체포 영장 청구를 인용할 것인지 기각할 것인지를 심사할 관할 지방법원을 형사 피의자가 선택할 권리도 당연히 없습니다. 그런 류의 선택권은 우리나라 헌법의 인권 목록에도 들어 있지 않습니다.

대통령 윤석열에 대한 수사 기관의 수사 및 기소와 그에 대한 법원의 재판 시계보다 헌법재판소의 탄핵 시계가 훨씬 더 빠른 속도로 돌아가고 있습니다.

　그러니까 평소에 부지런히 헌법 공부와 형사법 공부를 해 놓지 그러셨어요. 몰라도 너무 모르니까 참 안쓰럽네요.

덧붙여

　헌법재판소의 결정은 법적으로 더 이상 다툴 수 없는 최종심입니다. 표현의 의미는 같지만, '단일심'이 아니라 '단심(單審)'이라고 말합니다. 헌법재판소의 결정이 단심이라고 해서 모든 사건에 대한 결정이 '빠르다'라고 단정할 수는 없습니다. 결론 도출하기가 어느 정도 복잡한가에 따라 소요되는 기간이 달라지겠지요.

　대통령 윤석열 탄핵 심판 청구 사건은 피청구인인 윤석열 자신이 헌법재판관들의 심리 및 판단의 부담을 매우 많이 덜어 줬습니다. 그 스스로 자신의 탄핵 사유를 충분히 만들어 줬고, 그것도 다툼의 소지가 거의 없을 정도로 명확하게 해 주었기 때문입니다.

헌법재판소가 탄핵 심판 청구를 인용하면?

법원의 내란죄 재판보다 헌법재판소의 탄핵 심판이 훨씬 더 빨리 마무리된다는 것은 재론의 여지가 없을 정도로 명확했습니다. 헌법재판소가 탄핵 심판 청구를 인용하면, 즉 대통령 파면 결정을 선고하면 그 시점부터 대통령 직위를 상실한 윤석열의 형사법적 지위가 어떻게 되는지 설명할 필요를 느꼈습니다.

헌법 제65조 제3항에 따라 권한 행사가 정지된 대통령 윤석열에 대한 헌법 소원 심판 청구 심판 절차가 진행되고 있습니다. 탄핵 심판과는 별개로 내란죄와 외환죄 등 형사 범죄에 대한 수사가 진행되고 있고, 수사 기관이 기소하면 그때부터 대통령 윤석열의 형사법상 신분은 '형사 피의자'에서 '형사 피고인'으로 바뀝니다. 체포에 이어 법원의 구속 영장 발부로 구속이 이루어지면, 그때부터는 '구속 형사 피고인'이 됩니다. 증인·증거 신청, 증인 신문, 변론 기일 연기 신청 등 형사 피고인 측은 재판부의 허가를 얻어 형사 재판 절차를 최대한 끌고 갈 수도 있습니다.

대통령 윤석열에 대한 형사 재판 진행 절차가 어떻게 흐르든 관계없이, 탄핵 심판 청구 사건에 대해 헌법재판소가 심리 종결을 선언하면 바로 선고가 이루어집니다. 피청구인 대통령 윤석열 스스로 남겨 둔 탄핵 사유들은 내용상 중대하고 객관적으로 명확합니다. 이 때문에 탄핵 심판의 시간은 많이 걸리지 않을 것으로 예상됩니다.

헌법재판소장 권한 대행이 "피청구인 대통령 윤석열을 파면한다."라는 결정 주문을 선고하면 대통령 직위는 상실됩니다. 그때부터 형사 피의자 또는 형사 피고인 윤석열은 일반 형사범과 동일한 취급을 받게 됩니다. 대통령이라는 직책은 사라지고, '국민의 한 사람'이 되는 것입니다.

최소량의 법칙과 헌법재판소의 탄핵 심판

2017년 대통령 박근혜 탄핵 심판에서 알 수 있었던 것처럼, 대통령
에 대한 파면 결정에는 헌법재판관 6인 이상의 찬성이 있으면 됩
니다. 현실적으로는 전원 일치 결정이 국민에 대한 설득력을 높이
고 헌법재판관들 서로의 입지를 지켜 주는 데 도움이 됩니다. 그렇
게 하기 위해서는 몇 가지 쟁점 중 최소한의 선에서 전원 일치의
결론을 내는 것으로 만족해야 합니다. 저는 이것을 독일 화학자의
이론을 빌려 설명했습니다.

'최소량의 법칙'이라는 이론이 있습니다. 독일의 화학자
유스투스 폰 리이비히(Justus von Liebig, 1803~1873)가 주장한
이론입니다. 이 이론에 따르면 식물이 건강하게 성장하
기 위해서는 물, 빛, 온도 등 소위 필수 영양소가 필요한
데, 그중 하나만 없어도 식물의 성장은 제한된다고 합니

다. 식물의 성장 정도는 그 성장에 필요한 영양소들 중 가장 적은 양의 영양소에 따라 결정된다는 것을 의미합니다. 이는 식물뿐만 아니라 모든 유기체의 성장에 적용되는 이론이기도 하고, 다른 학문 분야에서도 응용하는 이론입니다.

저는 '최소량의 법칙'을 2017년에 헌법재판소가 선고한 박근혜 대통령 탄핵 심판 청구 결정에서 발견했습니다. 헌법재판소는 소추위원 측이 탄핵 심판 청구서에 적시(摘示)한 모든 청구 사유를 인용한 건 아니었습니다. 제가 가장 크게 놀라기도 했고 이해하기 어려웠던 것은 헌법재판소가 2014년 4월 16일 세월호 참사에 대한 박근혜 대통령의 책임을 인정하지 않은 것이었습니다. 이것은 세월호 참사 희생자의 생명 보호에 대한 국가의 책임을 인정하지 않았다는 것을 의미합니다. 피청구인인 대통령은 골든타임 7시간 동안 어디에서 무엇을 하고 있었는지 전혀 증명하지 못했습니다. 그것은 국민의 생명에 대한 국가의 보호 의무를 저버린 것이었습니다. 그 결과 박근혜 대통령 탄핵 심판 청구 사건에서 재판관 8인(박한철 소장은 2017년 1월 31일 정년퇴임) 모두가 찬성하는 선에서, 즉 최소한의 선에서 '파면' 의견에 합의가 이루어졌고, 이러한 결론 도출을 '최소량의 법칙'에 따라 해석해

볼 수도 있습니다.

대통령 윤석열에 대한 탄핵 심판 청구의 변론 준비 기일에서 재판부는 청구 사유를 다섯 가지로 정리했습니다. 헌법재판소는 소추위원 측의 청구 사유 모두를 인용할 수도 있고, '최소량의 법칙'에 따라 한두 개의 청구 사유만 인정할 수도 있습니다.

현행범인 경우 국회의원도 체포당할 수 있을까요?

형사소송법상 현행범에 대한 체포권은 국민 누구에게나 있고, 국회의원을 포함해서 모든 사람이 현행범 체포의 대상이 됩니다. 대통령 관저에 대한 체포 영장과 수색 영장을 집행하는 현장에 국회의원들이 시위하듯이 서 있는 모습을 보면서 "저 사람들도 현행범으로 체포할 수 있다."라는 말을 하고 싶었습니다.

「형사소송법」 제212조(현행범인의 체포)는 "현행범인은 누구든지 영장없이 체포할 수 있다."라고 규정하고 있습니다. 이 조문의 "누구든지"란 체포의 주체를 의미합니다. "누구든지"란 경찰 공무원, 검사와 검찰 수사관은 물론이고 '모든 국민'을 포함하는 용어입니다.

길을 걷고 있는 도중 '저 소매치기 잡아라!'라는 소리와 함께 소매치기가 내 앞으로 달려오고, 그 뒤를 소매치기 당한 사람이 쫓아올 때, 내가 그 소매치기를 체포할 수 있습니다. 국민 누구나 현행범 체포의 권한을 갖고 있기 때문입니다. 현행범에 대해서는 예외 없이, 그 현행범이 현직 국회의원인 경우에도 국민 누구나 영장 없이 체포할 수 있을까요? 답은 '체포할 수 있다'입니다.

헌법 제44조*는 국회의원의 불체포 특권을 규정하고 있는데, 해당 국회의원이 현행범인 경우에는 불체포 특권의 예외를 규정하고 있습니다. 현행범에 대해서는 누구든지 영장 없이 체포할 수 있도록 하는 입법 취지가 있습니다. 그것은, 현행범 체포는 범죄의 증거가 명확하고, 신속한 체포의 필요성이 높으며, 불법 체포의 위험이 거의 없기 때문에 형사 사법권의 적시(適時)의 행사를 가능하도록 하겠다는 것입니다.

국회의원의 불체포 특권에는 또 하나의 예외가 있는데, 그것은 국회의원의 불체포 특권은 '회기 중에만' 누리는 특권이라는 것입니다. 현행범이 아니더라도 폐회

---

* 헌법 제44조
제1항: 국회의원은 현행범인인 경우를 제외하고는 회기 중 국회의 동의없이 체포 또는 구금되지 아니한다.
제2항: 국회의원이 회기 전에 체포 또는 구금된 때에는 현행범인이 아닌 한 국회의 요구가 있으면 회기 중 석방된다.

중에는 체포 또는 구속 영장을 제시해 체포 또는 구속할
수 있습니다. 더불어 현행범임에도 불구하고 국회의원
이라는 이유로 불체포 특권을 인정한다면 우리나라 헌
법 제10조 제1항이 규정하는 '일반적 평등의 원칙'에 명
백히 반하는 과도한 특권이 됩니다.

가만히 있으라

국회가 재적 의원 3분의 2 이상의 찬성으로 대통령 윤석열에 대한 탄핵 소추안을 의결했고, 그로 인해 대통령의 권한 행사가 정지되었음에도 불구하고 윤석열은 계속 관저 정치를 하고 있었습니다. 윤석열의 그런 모습이 2017년 박근혜의 모습과 겹치면서 그때 썼던 글을 그대로 다시 저의 페이스북으로 가져왔습니다.

8년 전(2017년) 오늘 저는 이곳에 대통령 박근혜 탄핵과 관련해 "가만히 있으라"라는 제목의 글을 썼습니다. 현재 진행되고 있는 대통령 윤석열 탄핵 상황과 닮은 점이 많이 있습니다.

칼 마르크스(Karl Marx)는 말합니다. "역사는 반복한다. 우선은 비극(悲劇)으로, 다음으로는 소극(笑劇)으로(Die Geschichte wiederholt sich: zunächst als Tragödie, dann als Farce)." 스페인계

미국인 철학자 조지 산타야나(George Santayana)는 말합니다. "역사를 기억하지 않는 사람들은 다시 그것을 겪으며 살게 되어 있다(Those who do not remember history arebound to live through it agAIn)."

"가만히 있으라"

2016년 12월 9일 국회는 대통령 박근혜 탄핵 소추안을 가결시켰고, 탄핵 소추 의결서는 같은 날 오후 7시 3분 대통령에게 전달되었습니다.

헌법 제65조 제3항은 "탄핵소추의 의결을 받은 자는 탄핵심판이 있을 때까지 그 권한행사가 정지된다."라고 규정하고 있습니다. 이 조항은 탄핵 소추의 의결을 받은 대통령 박근혜 씨에게 '가만히 있으라'고 명령하는 것입니다. 대통령 직명에 따르는 일은 아무것도 하지 말라는 것입니다. 집무실에도 나오지 말라는 것이고, 탄핵 심판과 관련해서 변호인을 만나는 걸 제외하고는 외부 방문객도 만나지 말라는 것입니다.

만약 헌법이 내리는 이 명령을 위반하면 그 행위가 헌법 위반으로 '또 하나의' 탄핵 사유가 되는 것입니다. 이 경우의 탄핵 사유는 국회가 또 하나의 탄핵 소추 의결의 절차를 밟지 않더라도 자동으로 탄핵 사유가 되는 것입니다.

　헌법의 해석이 이러함에도 불구하고 대통령 박근혜는 2017년 1월 1일 기자 간담회를 했습니다. 기자 간담회에 응한 기자들도 문제지만, 이것 자체가 탄핵 사유가 되는 것입니다. 기자 간담회의 내용도 현재 헌법재판소가 진행하고 있는 탄핵 심판에 관한 것이었습니다. 이것도 부족했던지 다시 기자 간담회를 할 수도 있다는 말이 언론을 통해서 나오고 있습니다.

　헌법재판소의 출석 요구는 철저히 무시한 채, 헌법을 명백히 위반하는 행위를 자행하고 있는 것입니다. 헌법은 지금 이 순간에도 권한 행사가 정지되어 있는 대통령 박근혜에게 명령하고 있습니다. 가만히 있으라!

　할 말이 있으면 당당하게 헌법재판소 재판정에 나가 헌재재판관들 앞에서 하면 됩니다.

"경찰, 경호처에 폭력 사용 절대 없어야?"

공수처의 구속 영장과 압수 영장의 집행이 계속 가로막히고 있는 상황에서 대통령경호처에 공수처의 영장 집행을 막지 말고 협조 하라는 지시를 해야 할 대통령 권한 대행 최상목은 도리어 공수처 에 절대로 폭력을 사용하지 말라는 지시를 하고 있었습니다.

뉴스에 올라온 최상목 대통령 권한 대행의 말입니다. 국 가 권력과 국가 폭력은 구별되어야 합니다. 국가 권력(의 행사)이 헌법에 합치하고 헌법에 위반하지 않을 때, 국가 권력은 정당성을 갖추게 됩니다. 국가 권력이 정당성을 갖추지 못할 때, 그것은 국가 권력이 아니라 국가 폭력 이 되고 주권자인 국민은 저항할 권리를 가집니다. 국가 폭력을 통해 국가가 살인을 저지르는 경우 그것은 국가 살인이 됩니다. 최상목 대통령 권한 대행은 경찰과 공수처가 대통령 윤석열을 체포하는 행위는 국가 권력(의 행사)이고, 법원이 발부한 체포 영장의 집행을 막는 경호처의 행위는 국가 폭력이라는 것도 모르고 있습니다.

공부가 안 되어 있으면 지금이라도 국가 권력과 국가 폭력의 의미에 대한 공부를 해야 하지 않겠습니까? 주위에 사람이 없으면 제가 친절히 가르쳐 드리지요. 수업료는 받지 않을 테니 돈 걱정은 하지 마시고요. 짬이 없다면, 온라인 수업도 가능합니다.

현행범의 체포

공수처의 영장 집행을 계속 막고 있는 대통령경호처 직원들에게 자신들의 행위가 현행범에 해당한다는 것을 알려 줄 필요성이 있었습니다.

「형사소송법」 제212조(현행범인의 체포)는 "현행범인은 누구든지 영장없이 체포할 수 있다."라고 규정하고 있습니다. 제가 이미 한 차례 설명한 것처럼, 이 조항이 말하는 "누구든지"란 경찰 공무원, 검찰 공무원, 검사는 물론이고 국민 모두를 가리킵니다.

대통령경호처 직원들도 「형사소송법」 제212조가 말하는 "누구든지"에 해당합니다. 그들은 공수처와 경찰이 대통령 윤석열에 대해 법원이 발부한 영장을 집행하고자 할 때, 이를 방해하는 다른 경호처 직원들을 현행

범으로 체포할 수 있습니다. 그러한 현행범 체포 행위는
형법상 "정당행위"가 됩니다.

참고 조문

형법 제20조(정당행위): 법령에 의한 행위 또는 업무로
인한 행위 기타 사회상규에 위배되지 아니하는 행위는
벌하지 아니한다.

대통령 관저는 치외 법권을 누리는 지역이 아닙니다

대통령은 물론이고 대통령 관저를 지키는 경호처 직원들의 행위에서 그들은 대통령 관저를 마치 치외 법권 지역으로 여기고 있다는 의심이 들었습니다. 그들에게 치외 법권의 명확한 의미를 설명하고 싶었습니다.

치외 법권을 누리는 지역 내에서는 그 지역에 대한 영토 주권을 가지고 있는 국가의 권력이 미치지 못합니다. 이 지역에서는 지역을 점유하고 있는 국가의 주권이 미칩니다. 역사적으로 볼 때 치외 법권은 제국주의 국가가 다른 나라의 영역 중 일정 부분을 조차(租借)하는 불평등 조약을 맺은 후 누리는 권리 또는 권한이었습니다.

영국·프랑스·독일 등 유럽의 제국주의 국가들이 청나라로 들어가 조차지를 확보한 후, 조차지 안으로는 청나라의 주권이 들어오지 못하고 해당 제국주의 국가들의 주권이 적용되도록 했습니다. 그러한 지역을 가리켜 치외 법'권(圈)'이라고 했고, 그들이 누리는 권리와 권한을 치외 법'권(權)'이라고 불렀습니다. 중국에서는 대표적으로 상하이(上海), 칭따오(靑島) 등이 이러한 지역에 해당합니다.

제2차 세계 대전이 끝나고 식민지가 해방되기 시작하면서 치외 법권의 역사도 점차 막을 내리기 시작했습니다. 치외 법권은 주권 국가 평등의 원칙에 반하기 때문입니다. 그래도 해결해야 할 국가 간의 문제가 남아 있었습니다. 그것은 자국 내에 주재하는 외교관들에 대한 법적 예우의 문제였습니다. 그것은 자국 내에 거주하는 타국의 외교관들이 저지르는 범죄 행위를 주재국의 국가 형벌권 관할하에 둘 것인지 아니면 그 외교관을 파견한 국가의 국가 형벌권 관할로 넘길 것인지의 문제였습니다.

여기에서 생겨난 것이 '외교관 특권'이었습니다. 외교관이 형사 범죄를 저지르는 경우 주재국의 형사법에 따르는 것이 아니라 외교관을 파견한 국가의 형사법에 따르도록 하는 것입니다. 이것은 국가 간의 예양(禮讓) 차원에서 서로 존중하고 있습니다. 제국주의 시대에 제국주의 국가들이 누렸던 치외 법권이 사라지고, 외교관 특권이 들어온 것입니다. 외국에 있는 한국 대사관의 외교관들도 주재 국가에서 이러한 외교관 특권을 누리고 있습니다.

다만, 이 특권은 '형사 책임 면제의 특권'이 아니기 때문에, 해당 외교관은 자국의 형사법에 따라서 처벌받게 됩니다. 대통령실이나 대통령 관저! 이 공간에는 어떠한 특권도 적용되지 않습니다. 한 나라의 국가 원수가 직무를 수행하거나 거주하는 공간이라는 점에서 법률에 근거를 두고 제한적인 보호를 받는 것에 지나지 않습니다.

내란죄의 피의자인 대통령 윤석열에 대해 법원이 발부한 영장 집행을 방해하는 행위는 법적으로 정당화될 여지가 전혀 없습니다. 대통령 윤석열과 경호처 직원들이 공조수사본부의 체포 영장 집행을 방해하는 행위는 대한민국의 주권에서 나오는 국가 형벌권의 실행을 방해하는 행위입니다.

사정이 이러함에도 불구하고, 대통령 윤석열과 경호처 직원들은 제국주의 시대의 유물인 치외 법권을 주장하고 있는 것이나 마찬가지입니다.

내란죄 형사 피의자 윤석열이 계속 진술 거부권을 행사하면?

이미 내란죄 우두머리로 기소되어 있는 대통령 윤석열이 법원의 내란죄 재판에 협조하지 않을 수도 있고, 그 수단으로는 일체의 진술을 거부할 수도 있다는 우려가 퍼지고 있었습니다. 내란죄 수사와 재판에서 절차적 정당성을 확보하는 것이 필수적이기는 하지만, 피고인 윤석열이 진술 거부권을 행사하는 것은 자신에게 전혀 도움이 되지 않는다는 것을 말하고 싶었습니다.

형사상 자기에게 불리한 진술을 강요당하지 않고 거부하는 것은 헌법 제12조 제2항이 보장하는 형사 피의자 또는 형사 피고인의 권리입니다. 수사 기관이 형사 피의자를 체포 또는 구금할 때 형사 피의자에게 '형사상 자기에게 불리한 진술을 거부할 수 있다'는 것을 고지하지 않고 체포 또는 구금했을 경우, 유죄의 증거가 아무리

많고 명확하더라도 법원은 유죄 판결을 선고할 수 없습니다. 이것을 가리켜 '미란다 원칙(Miranda principle)'이라고 합니다.

내란죄 형사 피의자인 윤석열이 공수처 수사에서 계속 진술 거부권을 행사하면 공수처가 법원에 구속 영장을 청구할 때 그에게 불리한 조건으로 작용할 겁니다. 법원에 의한 구속 영장 발부의 '필요성'을 강화시켜 주기 때문입니다.

구속되는 경우 구속 기간은 원칙적으로 20일이고, 법원은 10일을 초과하지 않는 한도 내에서 1차에 한해 구속 기간을 10일 연장할 수 있습니다(「형사소송법」 제202조, 제203조, 제205조). 내란죄의 물적 증거와 인적 증거가 많이 존재하고, 법원이 내란죄 유죄를 인정하는 데 특별한 어려움이 없기 때문입니다.

어쩌면 '형사 재판 절차를 최대한으로 끌어 보자'라는 전략을 세워 뒀을 수도 있습니다. 내란죄에 대한 형사 재판 절차의 진행과는 상관없이, 형사 재판보다 훨씬 더 빨리 대통령 윤석열 탄핵 심판 청구 사건에 대한 헌법재판소의 결정이 선고될 것입니다. 헌법재판소가 "피청구인 대통령 윤석열을 파면한다."라는 결정을 선고하면 윤석열은 더는 대통령이 아닙니다.

결론적으로 우리는 내란죄 형사 피의자 윤석열의 묵비권 행사를 답답하게 생각할 필요가 없습니다. 대통령 윤석열에 대한 탄핵 심판 결정 선고를 우리 아이들이 실시간으로 시청할 수 있다면, 그를 통해 얻는 교육적 효과가 상당할 것입니다.

참고로 2017년 3월 10일 헌법재판소가 대통령 박근혜 탄핵 심판 청구 사건 결정을 선고하기 하루 전인 3월 9일 저는 직접 공문 초안을 작성해 전라북도 내 초중고 교장들에게 공문을 보내도록 했습니다. 3월 10일 오전 11시에 있게 될 탄핵 심판 사건 결정 선고를 학생들이 실시간으로 시청하도록 해 줄 것을 권고한다는 내용의 공문이었습니다. '권고'라는 문구를 사용한 것은 교장 선생님들의 심리적 부담을 덜어 드리고 혹시라도 교육부 등 관계 기관에서 교장 선생님들에게 문제 삼을 경우 모든 걸 교육감인 저에게 떠넘기도록 하기 위함이었습니다. 어림잡아 전북의 초중고 중 95% 정도가 학생들에게 실시간 시청의 기회를 제공했습니다.

대통령경호처 직원의 법적 신분

대통령경호처에서 일하고 있는 직원들의 법적 신분이 무엇인지 직원들 자신은 물론이고 일반 국민들도 알 필요가 있습니다. 대통령경호처 직원들은 국가 공무원의 신분을 갖고 있습니다.

대통령경호처!

　마치 오래전부터 잘 알고 있었던 듯한 기분이 들었지만, 왜 그런지 구체적 단서가 떠오르지 않았습니다. 조금 전 머릿속을 번쩍 스치는 것이 있었습니다. 오래전 휴대전화라는 개념도 없던 젊은 시절 어느 날, 저의 대학 연구실 전화벨이 울렸습니다. 전화를 건 사람은 자신을 대통령경호처 소속이라고 말했습니다.

　'대통령경호처에서 나에게 무슨 용건이?' 의아해 하면서 용건을 물었습니다. 대답은 경호처 직원 선발 시험이 있는데, 저에게 헌법 객관식 문제를 출제해 달라는 것이었습니다. "경호처 직원을 선발하는 데도 헌법 시험을 치릅니까?"라고 묻자 "예. 헌법 시험이 있습니다."라고 대답했습니다. 며칠 후 저에게 등기 우편으로 문제 카드 여러 장이 들어왔습니다. 카드 하나에 한 문제씩 써서 밀봉한 다음 보냈습니다. 수신처는 봉투 겉면에 이미 적혀 있기 때문에 따로 쓸 필요가 없었습니다.

그런 공개경쟁 시험을 거쳐 대통령경호처에서 일하는 공무원들의 신분은 직업 공무원입니다. 경호처에서 일하는 사람들 중 직업 공무원에 해당하는 직원의 신분은 (대통령과 여사가 보장하는 것이 아니라) 헌법과 법률이 보장하고 있습니다.

참고 조문

헌법 제7조 제2항: 공무원의 신분과 정치적 중립성은 법률이 정하는 바에 의하여 보장된다.

「국가공무원법」 제68조(의사에 반한 신분 조치) 공무원은 형의 선고, 징계처분 또는 이 법에서 정하는 사유에 따르지 아니하고는 본인의 의사에 반하여 휴직·강임 또는 면직을 당하지 아니한다. 다만, 1급 공무원과 제23조에 따라 배정된 직무등급이 가장 높은 등급의 직위에 임용된 고위공무원단에 속하는 공무원은 그러하지 아니하다.

형사 피의자 조사의 영상 녹화

언론에서 영상 녹화라는 말이 나오기 시작했습니다. 영상 녹화는 누가 누구를 대상으로 어떤 조건하에서 하는 것인지 저의 경험을 바탕으로 설명할 필요가 있다는 판단을 했습니다.

공수처나 검찰에서 형사 피의자가 검사의 조사를 받을 때 영상 녹화를 하는 경우가 있습니다. 영상 녹화 조사의 조건은 조사를 받는 형사 피의자가 동의해야 한다는 것입니다.

검사가 영상 조사를 하는 목적이 있습니다. 그것은 형사 피의자가 검사의 조사를 받는 과정에서 유도 신문을 받았다거나, 강압 조사를 받았다는 등 피의자 신문 조서의 진정성을 문제 삼는 경우 그에 대한 방어의 증거로 삼기 위함입니다.

영상 조사의 실황은 검사장 등 다른 검사나 검찰 수사관들이 실시간으로 볼 가능성도 있습니다. 이건 검찰 조사를 많이 받아 본 저의 느낌입니다. 형사 피고인은 물론 형사 피의자도 변호인의 조력을 받을 권리(right to counsel)를 행사할 수 있습니다.

사람들이 오해하는 것이 있습니다. 그것은 형사 피의자가 검사의 조사를 받을 때 변호사가 형사 피의자의 진술을 도와줄 수 있을 거라는 오해입니다. 변호사는 형사 피의자 옆에 앉아서 검사의 질문과 형사 피의자의 답변을 경청합니다. 검사의 기소로 형사 피의자의 신분에서 형사 피고인의 신분으로 바뀌어 재판을 받을 때 효과적인 방어를 하기 위해서입니다.

실제로 검사의 질문에 형사 피의자가 답변할 때 변호인이 다급한 나머지 말을 거들려고 하는 경우가 있습니다. 이때 검사의 입에서 단호하게 나오는 말은 "변호사님! 가만히 계십시오."입니다.

이와는 반대로 제가 검사의 질문을 반박할 때 변호사가 저의 오른쪽 다리를 자신의 손으로 미는 순간이 있었습니다. 그만하라는 뜻이었습니다. 저는 변호사의 제지에도 불구하고 "에이, 가만히 있어."라는 반응을 보이기도 했습니다.

이런 것을 제가 어떻게 알게 되었을까요? 12년 동안 전라북도 교육감 일을 하면서 겪은 숱한 검찰 체험 학습과 법원 체험 학습을 통해서 알게 된 것입니다.

헌법재판소가 피청구인 대통령 윤석열에 대한 파면 결정을 언제쯤 선고할까요?

대통령 윤석열에 대한 헌법재판소의 탄핵 심판이 진행되면서 사람들은 언제쯤이면 결론이 날 것인지 궁금해 하기 시작했습니다. 저는 2017년 대통령 박근혜에 대한 탄핵 심판의 경과에 비추어, 이와 함께 대통령 윤석열에 대한 탄핵 심판 사안의 복잡성의 정도 등을 가늠하면서 이르면 2월 말 늦어도 3월 초에는 대통령 윤석열에 대한 파면 결정이 내려진다고 보았습니다.

많은 사람들이 헌법재판소가 대통령 윤석열에 대한 탄핵 심판 청구 사건의 결정을 언제쯤 선고할 것인지에 대해 궁금해 합니다. 그날은 현재 이 사건을 심리하고 있는 8인의 헌법재판관도 모를 겁니다. 그것이 재판입니다.

　미루어 짐작할 수 있는 단초들은 있습니다. 8인의 헌

법재판관 중 2인이 올해 4월 18일에 정년퇴직을 하게 됩니다. 그때까지 결론이 나오지 않으면 탄핵 심판 결정은 사실상 물 건너갑니다. 그런 일은 없을 겁니다. 재판관 7인 이상이 심리에 참여하고, 그중 6인 이상이 청구 인용을 해야 하기 때문입니다.

우리는 2017년 대통령 박근혜 탄핵 심판 사건을 되돌아보아야 합니다. 그해 1월 31일에 박한철 헌법재판소장이 정년으로 물러나고, 재판관의 숫자는 9인에서 8인으로 줄어들었습니다. 권한 대행으로 들어선 이정미 헌법재판관의 정년은 3월 13일이었습니다. 만약 3월 13일까지 헌법재판소가 결론을 내리지 못했다면, 그 사건은 결론을 보지 못한 채 대통령 박근혜는 다음 해인 2018년 2월 24일 자정에 5년 임기를 마쳤을 것입니다.

왜냐고요? 당시 국정 농단의 주역들이 있었습니다. 그중 비중 있는 어느 누군가가 특정 재판관을 콕 집어서 "000 재판관님! 그 자리에 어떻게 들어가셨지요? 그때 나한테 무슨 말씀을 하셨지요? 지금 깔까요?"라고 공개적으로 말하면 상황은 그걸로 끝나는 것이었습니다. 이러한 의문은 '사실'을 말하는 게 아니라 하나의 '가정(假定)'입니다. 다행스럽게도 이정미 헌법재판소장 권한 대행의 정년을 21일 앞둔 3월 10일에 대통령 박근혜는 파면당했습니다.

이런 저간의 사정을 감안하면, 대통령 윤석열에 대한 헌법재판소의 파면 결정 선고는 아무리 늦어도 3월을 넘기지 않을 겁니다. 너무도 고마운 것은 '친절한 석열 씨!'가 자신에 대한 탄핵 심판을 매우 쉽게 만들어 놓았다는 것입니다. 결정적인 것은 대통령의 비상계엄 선포가 헌법의 틀을 벗어나지 못하도록 만들어 놓은 국회의 계엄 해제 요구권을 무력화시키려 했다는 사실입니다.

대통령 박근혜 탄핵 심판 사건과 비교할 때 대통령 윤석열 탄핵 심판 사건이 훨씬 더 간명합니다. 파면 결정 주문에 이르는 논증(Begründung) 구성도 비교적 수월할 테고요. 이걸 감안하면 대통령 윤석열에 대한 헌법재판소의 파면 결정은 2월 말까지 내려질 수도 있습니다. 이번 기회에 국민들이 헌법재판소의 존재 가치를 충분히 이해해야 한다는 걸 고려한다면, 3월 초에 결정이 내려질 수도 있습니다.

결론적으로 대통령 윤석열의 파면 시기는 '2말 3초'입니다.

확신범 이론에 대한 오해

언론에서 일제히 비상계엄을 선포한 대통령 윤석열을 가리켜 확신범이라고 말하기 시작했습니다. 파렴치범과 구분하는 데 매우 유용한 확신범 이론이 우리나라 언론을 통해서 오용되기 시작하는 것을 그대로 못 본 체할 수는 없었습니다.

독일의 법철학자 구스타프 라드브루흐(Gustav Radbruch, 1878~1949)가 독보적으로 주창한 이론이 있습니다. 그것은 '확신범 이론'입니다. 그는 "정치적, 종교적 또는 그 밖의 세계관적 확신으로 범죄 행위를 하는 사람"을 가리켜 "확신범(Überzeugungstäter 또는 Überzeugungsverbrecher)"이라고 불렀습니다. 이 이론에 따르면 "달리 사유하는 사람들(Andersdenkende)"은 배제당해야 할 사람들이 아니라 존중과 보호를 받아야 하는 사람들입니다.

이 이론이 가장 잘 들어맞는 사람은 사상범(思想犯)입니다. 우리나라의 경우 시대착오적인「국가보안법」을 위반하는 사람들이나 양심적 사유로 병역을 거부하는 사람들에게 적용될 수 있거나 적용되어야 하는 이론입니다.

불행하게도 우리나라에서는 확신범 이론에 대한 오해가 널리 퍼져 있습니다. 민주 공화국, 법치 국가 원칙, 의회주의를 부정하며 극우 파쇼를 주장하는 사람들을 가리켜 확신범이라고 부르는 사례들이 범람하고 있습니다. 그러한 사람들은 확신범이 아니라 대한민국의 헌법 질서를 부정하는 파렴치범들입니다. 결코 확신범 이론으로 존중과 보호를 받아야 할 사람들이 아닙니다.

오늘 오후 인터넷에 올라온 공신력 높은 어느 매체의 기사 한 부분을 여기에 옮겨 놓습니다.

"탄핵 반대 시위의 알바 논란이 등장하고 있지만, 핵심에는 반국가 세력으로부터 조국을 지켜야 한다는 확신범의 강한 신념이 자리 잡고 있다."

체포 또는 구속 적부심

헌법은 형사 피의자와 형사 피고인의 인권도 보장하고 있습니다. 그중 하나가 그들의 방어권을 충분히 보장해 주는 것입니다. 우리는 형사 피의자에게 인정되는 체포 적부심 청구권과 구속 적부심 청구권에 대해 올바로 이해해 두어야 합니다.

범죄 혐의자의 신분이 수사 기관에 있을 때는 '형사 피의자'가 되고, 검사가 기소해 재판에 회부되면 그때부터는 '형사 피고인'이 됩니다. 체포 영장이 발부된 형사 피의자는 법원에 체포 적부심을 청구할 수 있고, 구속 영장이 발부된 형사 피의자는 법원에 구속 적부심을 청구할 수 있습니다.

　체포 영장이 발부된 형사 피의자를 수사 기관이 체포할 수 있는 시간은 최대 48시간이고, 그 시간 내에 구속 영장을 청구할 것인지 여부를 결정해야 합니다. 구속 영장을 청구하지 않은 채 48시간이 지나면 즉시 형사 피의자를 석방해야 합니다. 수사 기관이 법원에 구속 영장을 청구해 발부받은 경우 형사 피의자를 구속할 수 있는 기간은 20일이고, 법원의 허가를 얻어 10일 더 구속할 수 있습니다. 이 기간 내에 검사가 기소 여부를 결정해야 합니다. 기소하면 형사 피의자의 신분이 형사 피고인으로 바뀌고, 구속 영장 유효 기간인 20일 또는 최대 30일은 더는 의미가 없어집니다. 해당 형사 피고인은 구속 상태에서 재판을 받게 됩니다.

검사와 형사 피고인은 「형사소송법」상 소송 당사자가 되며, 양 당사자 사이에는 '무기 평등의 원칙'이 적용됩니다. 대등한 당사자의 지위에서 검사는 형사 피고인을 공격하고, 형사 피고인은 검사의 공격에 방어합니다.

검사는 법률 전문가로서 법적 지식이라는 '무기'를 갖고 있기 때문에, 법률 비전문가인 형사 피고인도 '무기'를 갖출 수 있도록, 헌법은 형사 피고인에게 '변호인의 조력을 받을 권리(a right to counsel)'를 보장하고 있습니다.

형사 법정의 구도(構圖)도 여기에 맞춰져 있습니다. 재판정 정면 앞쪽에 재판석이 있고, 재판석을 기준으로 오른쪽에 검사석, 왼쪽에 피고인과 변호인석이 있습니다.

검사와 형사 피고인이 서로 마주보고 앉아 있는 것입니다. 영화나 드라마에서는 변호인이 자리에서 일어나 온갖 제스처를 써 가며 웅변조로 변론을 하는 경우가 있는데, 그건 영화나 드라마일 뿐입니다. 실제로 그런 식으로 변론을 하면 재판장이 바로 중단시키고 주의를 줍니다. 변호인의 그런 행위는 형사 피고인에게 불리하게 작용할 수 있습니다.

다시 앞으로 돌아가서, '적부심'에서의 '적부'가 무슨 의미인가라는 것입니다. 거의 모든 사람들이 '적부'를 영장 발부가 적법했는지를 다른 재판부가 심사하는 것이라고 말하는데, 저는 그렇게 생각하지 않습니다. 법원의 영장 발부는 그 자체로 '적법'한 것입니다. 적부심에서의 '적부'란 영장 발부가 '적정(適正)했는지 여부'를 다시 심사해 달라는 뜻입니다.

대통령 윤석열은 성공 가능성도 없는 체포 적부심을 법원에 신청했고, 심사하는 법원에 출석하지도 않았습니다. 이해하기 어려울 정도로 자신의 「형사소송법」상의 지위를 자꾸 불리한 방향으로 몰아가고 있습니다. 이어지는 구속 영장 발부도 피할 여지가 전혀 없어 보입니다.

대통령 윤석열은 12·3 비상계엄 선포로 자신의 무덤을 파더니, 그 후로는 줄기차게 자신을 향해 확인 사살을 하고 있습니다. 예상되는 결과는 '만신창이'입니다.
아무튼 참 고마운 일입니다.

기자 여러분들, 제발!

1월 18일 저는 확신범 이론에 대한 설명을 했습니다. 그럼에도 불구하고 언론은 더 자주 대통령 윤석열을 확신범이라고 불렀고, 저는 다시 한번 기자들을 향해 제발 그만두라는 말을 했습니다. 이 글이 나오고 하루 이틀 지나면서 언론에서 확신범이라는 용어가 완전히 사라졌습니다.

독일의 법철학자 구스타프 라드브루흐가 주창한 확신범 이론은 내란죄 피의자 대통령 윤석열의 경우에 적용하는 이론이 아닙니다.

기자 여러분들, 제발! 그러지 마세요. 이 이론의 1차 자료도 검색해 보시고요. 여러분들처럼 확신범 이론을 무분별하게 사용하면, 아돌프 히틀러의 인종 청소도 확신범 이론으로 정당화시켜 줘야 합니다.

덧붙여

공수처의 영장 청구서에는 확신'범'이 아니라 확신이라고 적혀 있을 거예요. 어느 매체의 기자가 확신을 확신범이라고 읽으니까, 그 뒤에 나오는 다른 매체들의 기사에 줄줄이 확신범이라고 쓰고 있어요.

확신범 이론이 적용되는 데 가장 적정한 것이 '사상범'이고요. '파렴치범'에는 절대로 확신범 이론을 원용하면 안 됩니다.

저는 우리나라 언론의 집단 무지에 혀를 내두르고 있습니다. 베껴 쓰기와 받아쓰기에는 탁월한 재주가 있고요.

교육에서 무엇보다 중요한 게 아이들의 비판적 사고력을 길러 주는 일인데요. 교수·학습(teaching and learning)이 철저히 단순 암기, 주입, 점수 따기 기술에만 맞춰져 있습니다. 이 틀에서 벗어나면 바보 취급당하고요.

알베르트 아인쉬타인은 "중요한 것은 질문하기를 멈추지 않는 것이다(The important thing is not to stop questioning)."라고 말했습니다. 비판적 사고(critical thinking)란 '물음표'를 찍는 사고를 말하는데, 교실에서 아이들에게는 비판적 사고를 할 여유가 주어지지 않지요.

결론적으로 12·3 대통령 윤석열 케이스를 '확신범'이라고 부르는 것은 무식과 용감함의 극치입니다.

넘어서면 안 되는 선

주권자인 국민은 대통령, 국회, 법원, 검찰 등 그 누구의 행위에 대해서든 자신의 의사를 표현하고 문제점을 지적할 수 있습니다. 다만, 그러한 문제 제기는 헌법과 법률이 규정하고 있는 선을 넘어서서는 안 됩니다. 형사 피의자 윤석열에게 구속 영장을 발부한 서울서부지방법원의 경내로 들어가 폭동을 행사한 사람들은 '지켜야 할 선'을 넘어서 버렸습니다.

헌법은 전문(前文)과 본문(本文) 130개 조문, 그리고 부칙(附則) 6개 조문으로 구성되어 있습니다. 대통령, 국회, 법원은 3부를 구성하고 '권력 분립의 원칙(Prinzip der Gewaltenteilung, priciple of separation of powers)'에 따라서 서로 견제와 균형을 합니다.

  헌법재판소도 엄연한 헌법 기관입니다. 그렇다면 4권

분립의 원칙을 취하고 있는 걸까요? 그렇지는 않습니다. 헌법재판소도 일반 법원과 마찬가지로 '재판 기관'입니다. 일반 법원과 다른 점은, 헌법재판소는 헌법 제111조 제1항이 규정하는 헌법 재판만을 한다는 것입니다. 일반 법원도 부분적으로는 헌법 재판을 합니다. 헌법 제107조 제2항은 "명령·규칙 또는 처분이 헌법이나 법률에 위반되는 여부가 재판의 전제가 된 경우에는 대법원은 이를 최종적으로 심사할 권한을 가진다."라고 규정하고 있습니다. '법률'에 대한 위헌 여부의 판단권은 헌법재판소의 전속적 권한입니다.

국회는 '전체로서의 국회'가 헌법 기관이면서 동시에 국회의원 한 명 한 명이 헌법 기관입니다. 헌법재판소도 '전체로서의 헌법재판소'가 헌법 기관이면서 동시에 각각의 헌법재판관이 헌법 기관입니다. 일반 법원도 마찬가지입니다. '전체로서의 법원'이 헌법 기관이면서 동시에 개개의 법관이 헌법 기관입니다.

우리나라 헌법에 '독립'이라는 용어가 나오는 곳은 딱한 곳, 헌법 제103조입니다. 이렇게 규정되어 있습니다. "법관은 헌법과 법률에 의하여 그 양심에 따라 독립하여 심판한다." 법관의 독립에는 신분상의 독립과 재판상의 독립이 있는데, 헌법 제103조가 말하는 독립은 재판상의 독립입니다. 재판상의 독립을 '물적 독립' 또는 '심판의 독립'이라고 말하기도 합니다.

법관의 심판의 독립이란 법관이 그 본질적 직무인 재판을 할 때 어느 누구의 지시나 명령에도 따르지 않는 것을 말합니다. 검찰권에는 '검사 동일체의 원칙'이 있지만, 재판권에는 '법관 동일체의 원칙'이라는 게 없습니다. 만약 「법원조직법」에 그런 규정을 둔다면 그건 '문언상 당연 무효(void on its face)'가 됩니다.

물론 재판의 현실에서 법관의 재판의 독립이 침해 또는 위협을 당하는 사례들이 있습니다. 이승만 정권, 박정희 정권, 전두환 정권 때는 그런 사례들이 매우 많았습니다. 그 시절에는 법관의 집무실에 기관원이 들락거리는 사례도 적지 않았습니다. 법관의 심판의 독립은 법원 내부에서 침해당하기도 했습니다. 법원장이나 간부급 법관이 사건을 재판하고 있는 법관의 재판에 개입하는 경우입니다.

저 자신 그러한 사례를 발견하고 글을 써서 격렬하게 비판한 적도 있었습니다. 법원장이 '야간 집회·시위'와 관련해 「집회 및 시위에 관한 법률」 위반 사건을 재판하고 있는 다수의 법관들에게 전자우편을 통해 신속한 재판을 하도록 압박한 사건이었습니다.

우리나라의 민주주의가 부침(浮沈)을 거듭하면서 법관의 심판의 독립은 이제 상당한 수준으로 자리 잡았습니다. 어느 법관이 저에게 "우리 판사들은 옆방의 다른 판사가 다루고 있는 사건이 어떻게 진행되는지 물어보지도 않습니다. 그걸 서로 지켜 줍니다."라는 말을 한 적이 있습니다. 굳이 저에게 그 말을 한 취지는, 법관의 심판의 독립이 그 정도로 궤도에 진입해 있다는 것을 말하고자 한 것이었습니다. 법원에서 재판을 받고 있던 어느 기관장이 어느 날 저에게 "법원에 누구 있나 알아보려고 해도 전혀 안 되네."라고 말하길래 "그건 위험해. 절대로 그런 건 하지 마. 판사들도 다른 판사의 사건에 대해서는 서로 말하지 않거든."이라고 설명해 줬습니다.

　내란죄 피의자로 수사 기관에 체포되어 수사를 받고 있는 대통령 윤석열 구속 영장 청구에 대한 법원의 심사가 어제 다섯 시간 가까이 진행되었고, 오늘 새벽 2시 50분 무렵에 영장이 발부됐습니다. 문제는 그 다음입니다. 구속 영장 발부에 불만을 품은 사람들이 서울서부지방법원 경내로 들어가 건물 유리창과 집기 등 기물을 파손하는 행위를 했습니다. 그중 40여 명이 현행범으로 체포된 것으로 알려져 있습니다.

　형사 피의자로 입건되어 수사 기관으로 들어가 수사

를 받아 본 사람들은 알 겁니다. 수사를 시작하는 시각은 정해져 있지만, 끝나는 시각은 정해져 있지 않습니다. 하루에 끝날지 며칠 걸릴지 그것도 알 수 없습니다. 변호인을 선임할 수 있는 건 좋은데, 변호인이 형사 피의자 옆에 앉아 말을 거들어 줄 수도 없습니다. 수사관이나 검사가 질문할 때 형사 피의자는 긴장한 나머지 알고 있던 것조차 떠오르지 않기도 합니다.

수사 개시와 함께 형사 피의자가 근무하고 있는 직장의 장(長)에게는 '수사 개시 통지서'가 날아갑니다. 조사 시간 내내 혹시 영장을 청구하지는 않을지 전전긍긍합니다. 이번 사건의 경우처럼 일단 형사 피의자로 입건된 이상 '혐의 없음' 처분을 받기는 매우 어렵습니다. 더구나 구속 영장을 발부한 법원의 경내로 진입해서 폭력을 행사하는 행위는 국가의 헌법 질서를 유린하는 행위로서 그 죄질도 매우 나쁩니다. 정치인들 중에 "별것 아니니까 걱정하지 않아도 됩니다."라고 말하는 사람이 있을 수 있습니다. 무책임한 말입니다. 그런 걸 가리켜 '아무 말 대잔치'라고 합니다.

민주주의 국가, 법치주의 국가에서는 국민이 자신의 의사를 표현하는 방법도 헌법의 테두리 내에 있어야 합니다. '저항권(Widerstandsrecht, right of resistance)'이라는 말도 나오는데, 저항권 이론은 이 경우에 쓰는 이론이 아닙니다. 저항권은 헌법 질서를 수호하기 위해 행사하는 권리입니다.

안타까운 것은 내란죄 형사 피의자 윤석열을 지지하고 응원하며 지켜 주겠다는 사람들의 행위가 대체로 그를 계속 수렁 속으로 밀어 넣고 있다는 겁니다. 그들은 '넘어서면 안 되는 선'을 넘어섰습니다. 그 선은 '헌법 질서의 선'입니다.

압수·수색 영장?

헌법과 법률에 적혀 있는 문장이나 문자에도 오류가 있을 수 있습니다. 그중 저의 눈에 가장 자주 띄는 게 용어 순서가 잘못되어 있는 압수·수색 영장입니다. 미국과 독일의 법률은 우리나라의 헌법이나 형사소송법과 달리 수색·압수 영장이라고 쓰고 있습니다. 수색이 먼저 나오고, 압수가 나중에 나옵니다.

헌법 제12조 제1항 제2문 전단(前段)은 "누구든지 법률에 의하지 아니하고는 체포·구속·압수·수색 또는 심문을 받지 아니하며"라고 규정하고 있습니다. 헌법의 이 조항을 받아 「형사소송법」은 제10장의 제목을 "압수와 수색"이라고 적고 있고, 같은 법 제113조(압수·수색영장)는 "공판정 외에서 압수 또는 수색을 함에는 영장을 발부하여 시행하여야 한다."라고 규정하고 있습니다.

우리나라와는 달리 미국에서는 "a writ of search and seizure"라는 용어, 즉 '수색·압수 영장'이라는 용어를 사용합니다.

우리나라에서는 '압수'가 먼저 나오고 수색이 뒤이어 나오는데, 미국에서는 '수색'이 먼저 나오고 '압수'가 뒤이어 나옵니다. 독일 「형사소송법(StPO, Strafprozessordnung)」에서도 '수색'이 먼저 나오고, '압수'가 나중에 나옵니다. 혹시 일본 「형사소송법」과 뭔가 연관이 있을까 하는 생각이 들어 일본 「형사소송법」을 검색해 보았습니다. 제9장의 제목이 "압수 및 수색(押收及び搜索)"으로 적혀 있습니다.

압수와 수색? 수색과 압수? 논리적으로 볼 때 두개의 용어를 어떤 순서로 배치하는 것이 맞을까요? 법관이 발부한 영장에 적시되어 있는 목적물(目的物)이 어디에 있는지 먼저 '찾아보고' 구체적·개별적으로 '압수하는' 게 맞을까요, 아니면 일단 이것저것 망라해서 '수색'한 다음에 그중 영장에 적시되어 있는 목적물을 '압수'하는 것이 맞을까요?

저는 우선 수색하고, 다음으로 압수하는 것이 논리적으로나 영장 발부 및 집행의 엄정성을 확보하는 데에도 적절하다고 생각합니다.

덧붙여

우리나라에서 방송의 아나운서, 기자, 출연자들이 "압색 영장 쳤나요?"라는 표현을 매우 즐겨 사용하고 있습니다. 실무 차원에서 수사 기관에 있는 사람들이나 변호사들이 그 용어를 사용합니다. 실무에서는 피의자 신문 조서를 '피신(被訊)'이라고 줄여서 말하기도 합니다. 실무상의 용어 관행은 별론으로 하고, 저는 방송에 나오는 사람들이 그런 말을 할 때에는 매우 역겨움을 느낍니다. '저 사람들은 압색 영장이라고 말하면 자신이 뭔가 있어 보이는 것으로 생각하는가 보다.'라는 생각이 듭니다.

증인 24명 추가 신청?

피청구인 측에서 탄핵 심판 절차를 지연시키는 전략을 구사할 것이라는 우려가 나오는 가운데 이 글을 썼습니다.

대통령 윤석열 탄핵 심판 청구에서 피청구인 측이 증인 24명을 추가로 신청했다고 합니다. 이 중 실제로 증인석에 설 수 있는 사람은 재판부가 결정합니다. 피청구인 측이 신청한 증인 24명 중 재판부가 인용 결정을 내리면 그 사람은 증인석에 서게 되고, 기각 결정을 내리면 그 사람은 증인석에 서지 못합니다.

탄핵 심판 청구에서 피청구인이 탄핵 소추 사유를 부인하는 것으로 일관하면?

우려는 또 다른 우려를 낳고 있었습니다. 피청구인이 자신의 탄핵 소추 사유를 계속 부인하면 탄핵 심판 절차가 지연되는 것 아니냐는 우려를 불식시키기 위한 글이었습니다.

이 경우에 적실(適實)하게 사용할 수 있는 말이 "매를 벌어서 맞는다."입니다. 이 말을 전문 용어로 전환하면 '죄질(罪質)'이 더 안 좋아지는 것입니다.

리처드 바크(Richard Bach)가 쓴 『갈매기의 꿈(Jonathan Livingston Seagull)』에 "가장 높이 나는 갈매가가 가장 멀리 본다(The gull sees farthest who flies highest)."라는 문장이 나옵니다.

헌법재판관의 자리에 앉아 있으면, 피청구인의 심리 변화까지 다 보이게 되어 있습니다.

강제 구인이란?

피청구인 윤석열에 대한 구속 영장 집행이 현실적으로 가능할 것인지에 대한 우려가 확산되면서 강제 구인이라는 말이 나오기 시작했습니다. 강제 구인에 대한 사람들의 이해를 돕기 위해 이 글을 썼습니다.

내란죄 형사 피의자 대통령 윤석열에 대한 강제 구인 이야기가 나오고 있습니다. 강제 구인이란 형사 피의자나 형사 피고인이 수사 기관이나 재판 기관의 출석 요구에 따르지 않을 때, 그의 신체에 실력(實力)을 가해 강제적으로 끌고 오는 국가 작용을 말합니다.

그 과정에서 혹시라도 형사 피의자나 형사 피고인의 신체에 손상이 발생하면 어떻게 하나 염려하는 사람들도 있을 수 있습니다. 그런 걱정은 하지 않으셔도 됩니다. 강제 구인에 나서는 수사관들에게 사람 하나 제압하는 것 정도는 식은 죽 먹기나 마찬가지입니다.

복싱 선수 캐시어스 클레이(Cassius Clay: 무하마드 알리의 개명하기 전 이름)가 당시 세계 헤비급 챔피언이었던 소니 리스턴(Sonny Liston)에게 도전하면서 했던 말 "나비처럼 날아서 벌처럼 쏜다(Float like a butterfly, sting like a bee)."라는 식으로 가볍되 강력하게 처리합니다.

경호처 직원들이 강제 구인을 방해하면 공무 집행 방해죄 또는 특수 공무 집행 방해죄의 현행범으로 체포하면 됩니다.

헌법재판소 결정의 효력

헌법재판소가 선고하는 모든 결정은 법적으로 더는 다툴 수단이 없는 최종적인 판단이라는 것을 사람들에게 설명하고 싶었습니다.

헌법재판소가 피청구인 대통령 윤석열 탄핵 심판 청구 사건에서 "피청구인 대통령 윤석열을 파면한다."라는 결정을 선고하는 경우, 그 결정을 다투는 수단은 없습니다. 헌법재판소의 재판은 '단심'이자 '최종심'이기 때문입니다.

일반 법원 재판의 경우 '판결'에 대해서는 항소(抗訴)와 상고(上告)의 불복 수단이 있고, '결정·명령'에 대해서는 항고(抗告)와 재항고(再抗告)의 불복 수단이 있습니다.

헌법재판소의 결정은 선고가 내려짐으로써 어느 누구도, 심지어 헌법재판관조차도 그 결정에 대해 불복하거나 이의 제기를 할 수 없습니다.

검찰, 공수처 기소 하청 기관 전락?

국회가 제정한 공수처법의 허점을 파고드는 시도가 정치권에서 나타나기 시작했습니다. 검찰이 공수처가 요구하는 기소를 실행하는 기관, 즉 공수처의 기소 하청 기관으로 전락했다는 빈정거림이 나오기 시작했습니다. 그들의 구상은 공수처와 검찰을 '분리해서 정복하는' 전략이었습니다.

검찰이 법원에 낸 내란죄 피의자 윤석열에 대한 구속 기간 연장 신청을 법원이 불허(不許)했고, 검찰이 피의자 윤석열을 기소하자 어느 정당에서 나온 말이 "검찰, 공수처 기소 하청 기관 전락"입니다.

「고위 공직자 범죄수사처 설치 및 운영에 관한 법률」(줄임말 「공수처법」) 제26조 제1항은 공수처가 수사한 사건과 관련해, 기소권은 공수처에 주지 않고 검찰, 정확하게는 서울중앙지방

검찰청)에 주고 있습니다. 「공수처법」은 공수처 관할 사건에 관해 수사권과 기소권을 분리하고 있습니다. 「공수처법」 제26조 제2항은 "검사는 처장에게 해당 사건의 공소제기 여부를 신속하게 통보하여야 한다."라고 규정하고 있습니다. 이 조항에서의 "검사"란 서울중앙지검 검사를 가리키고, "처장"이란 공수처장을 말합니다. 국회는 바로 여기에서 문제의 소지를 남겨 놓은 것입니다.

공수처와 검찰 사이 권한의 경계를 의문의 여지없이 명확하게 만들어 놓았어야 합니다. 고위 공직자 범죄의 경우 수사권은 공수처에 기소권은 검찰에 주되, 검찰은 공수처로부터 넘겨받은 고위 공직자 범죄에 대해서는 재량 판단의 여지없이 기소하도록 했어야 합니다. 아니면 공수처가 관할하는 사건에 한해서는 공수처에 수사권과 기소권 모두를 줬어야 합니다.

「공수처법」이 제정된 것은 2020년 1월 14일이었고, 시행(=효력 발생)은 6개월 후부터였습니다. 「공수처법」이 제정되고 시행되던 때는 문재인 정권 시절이고, 당시 여당은 민주당이었습니다. (다른 유력 정당과 마찬가지로) 민주당 내에도 검찰 출신 국회의원들이 많이 있습니다. 그 사람들이 한 일이 무엇인지 극히 의심스럽기만 합니다. 아니면 자신들의 친정인 검찰을 배려했을 수도 있습니다. '너무 섭섭하게 생각하지 마라. 공수처가 수사권을 행사하더라도 실제로 공소 제기를 할 것인지 여부, 즉 선택권은 검찰이 그대로 갖도록 할게.'라는 배려입니다.

다시 앞으로 돌아가서, "검찰, 공수처 기소 하청 기관 전락?"이라는 말이 사실이라면 누가 검찰을 이런 상황으로 몰아넣었습니까? 주범은 바로 서로 주거니 받거니 하면서 정치권력을 행사하는 권력자와 정치인 당신들입니다. 어느 정당이든 마치 스테레오테이프 틀어 놓듯이 똑같은 말을 합니다. 검찰권의 중립성을 확보해야 한다, 검찰이 바로 서야 나라가 바로 선다 등등. 그들은 앞에서는 검찰 정의를 부르짖고, 돌아서서는 검찰을 정치적으로 이용해 먹는 일에 집중합니다.

검찰 개혁의 핵심은 검찰이 국민의 신뢰와 존중을 받을 수 있는 시스템을 탄탄하게 구축하는 것입니다. 검사에게 법관과 동등한 수준의 독립성을 부여할 수는 없다 하더라도, 그에 준하는 힘을 보장해 줘야 합니다. 그것은 수사 검사가 수사한 결과에 명백하고 중대한 하자가 없는 한, 수사 검사의 수사권을 존중해서 기소하도록 해야 합니다.

수사 검사의 수사권에 불법적으로 그리고 부당하게 개입하는 상위 검사의 수사 개입은 직권 남용·권리 행사

방해죄로 엄중하게 형사 처벌을 받도록 해야 합니다. 지방검찰청 검사장을 주민 직선제로 하는 방안도 적극적으로 검토해서 입법화해야 합니다. 지방검사장 주민 직선제는 검찰권을 약화시키려는 게 아니라 강화하려는 게 목적입니다.

관련 법률 조문

「공수처법」 제26조(수사처검사의 관계 서류와 증거물 송부 등)

제1항: 수사처검사는 제3조제1항제2호에서 정하는 사건을 제외한 고위공직자범죄등에 관한 수사를 한 때에는 관계 서류와 증거물을 지체 없이 서울중앙지방검찰청 소속 검사에게 송부하여야 한다.

제2항: 제1항에 따라 관계 서류와 증거물을 송부받아 사건을 처리하는 검사는 처장에게 해당 사건의 공소제기 여부를 신속하게 통보하여야 한다.

저항권이란?

12·3 비상계엄 선포를 옹호하고 대통령에 대한 탄핵을 반대하는 행위가 저항권의 행사라는 주장이 나오기 시작하는 상황을 보면서, 저항권에 대한 정확한 설명을 해야겠다는 판단을 했습니다.

12·3 비상계엄 선포와 관련해 저항권(Recht zum Widerstand, right of resistance)에 관한 설왕설래가 있습니다. 저항권은 그것을 인정할 수 있는지 없는지, 인정할 수 있다고 보는 경우 그것을 헌법적 기본권으로 볼 수 있는지 없는지에 관한 헌법학적 논쟁들이 이어져 왔습니다.

한 가지 확실한 것은 법실증주의(Rechtspositivismus, legal positivism)에 따르면, 최소한 실정 헌법에 명문(明文)으로 규정하지 않는 이상 저항권은 인정되지 않습니다.

독일 기본법 제20조 제4항은 저항권을 명문으로 인정

하는 대표적인 헌법례(憲法例)에 속합니다.

독일 기본법 제20조 제4항은 "이 질서를 배제하고자 기도하는 모든 자에 대하여 모든 독일인은, 다른 구제 수단이 가능하지 않은 경우, 저항권을 가진다(Gegen jeden, der es unternimmt, diese Ordnung zu beseitigen, haben alle Deutschen das Recht zum Widerstand, wenn andere Abhilfe nicht möglich ist)."라고 규정하고 있습니다. 여기에서 말하는 "이 질서"란 민주주의와 법치 국가를 가리킵니다.

국가는 개념 필연적으로(begriffsnotwendig) 저항권의 주체가 될 수 없습니다. 저항권의 주체는 주권자인 국민입니다. 국가는 국민이 저항권을 실효적(實效的)으로 행사할 수 있도록 도와줘야 합니다.

우리나라의 현대 정치사에서 1960년 4·19 혁명, 1980년 5·18 민주화운동, 1987년 6·10 민주항쟁, 2024년 12·3 항쟁이 대표적인 저항권 발동 사례였습니다.

12·3 비상계엄을 통해 대통령 윤석열 등 집권 세력은 대한민국 헌법상의 민주주의와 법치 국가의 기능을 정지시키려 했습니다. 집권 세력의 그러한 기도를 주권자인 국민이 저항권을 행사해 막아 낸 것입니다.

알아야 할 헌법 및 법률 용어

헌법 용어와 법률 용어에 대한 오해는 일반 국민이나 언론 기사에서만 나오는 것이 아닙니다. 그러한 오해는 국회의원들에게서도 나오고, 대통령 탄핵과 관련해서 더 많은 오해가 나오기 시작했습니다. 그에 관한 정확한 개념 설명의 필요성을 느끼면서 지난날에 쓴 글을 다시 저의 페이스북에 갖다 놓았습니다.

저는 언론(신문, 방송)에 나오는 기사나 각종 매체에 실리는 칼럼을 읽다가 한숨을 쉬는 때가 있습니다. 그것은 '헌법 및 법률 용어를 몰라도 이 정도로 모르나?' 하는 암담함 때문입니다. 무엇보다 걱정스러운 것은 그런 용어들을 우리 아이들이 읽다가 그것이 '올바른 표현'이라고 여길 수도 있다는 것입니다. 아래에서 몇 가지를 짚어 보기로 하겠습니다.

과반수 이상의 찬성

과반수라는 용어를 쓰는 것으로 마무리되는 것입니다. 과반수는 '반수(半數)'를 '지나는(過)' 것이기 때문에, 과반수 뒤에 '이상'을 붙이는 것은 틀린 것입니다. 100명이 재적 인원인 경우의 반수는 50이고, 51부터는 반수를 지난 수, 즉 과반수가 되는 것입니다. 헌법 제49조를 읽어보면 더욱 확실히 알 수 있습니다.

"국회는 헌법 또는 법률에 특별한 규정이 없는 한 재적의원 과반수의 출석과 출석의원 과반수의 찬성으로 의결한다. 가부동수인 때에는 부결된 것으로 본다."

이것을 가리켜 '일반 의결 정족수'라고 말합니다. 헌법 제49조의 두 번째 문장인 "가부동수인 때에는 부결된 것으로 본다."라는 문구가 없더라도 가부 동수인 경우 과반수가 아니기 때문에 부결되는 것입니다. 하지만 자유당 정권 당시의 사사오입(반올림) 개헌 파동을 비롯해서 워낙 황당한 일들이 많은 우리의 헌정사를 고려해 이런 조항을 두고 있는 것입니다. 이런 조항을 가리켜 '주의적 규정'이라고 부릅니다.

그래도 과반수라고 표현하는 것이 너무 밋밋하게 느껴지는 경우, 그것이 법률 용어는 아니지만 안정 과반수 또는 압도적 과반수라는 용어를 정치적으로 또는 사실적으로 쓰는 것이야 어쩔 수 없는 일입니다.

3분의 2 이상의 찬성

이 경우는 3분의 2에 해당하는 숫자부터 3분의 2가 됩니다. 다만, 사람의 숫자를 셀 때 사람은 분수로 나누어지지 않기 때문에 소수점은 절상(切上)합니다. 헌법 제130조 제1항은 헌법 개정안 국회 의결 정족수를 규정하고 있습니다.

"국회는 헌법개정안이 공고된 날로부터 60일 이내에 의결하여야 하며, 국회의 의결은 재적의원 3분의 2 이상의 찬성을 얻어야 한다."

「공직선거법」 제21조 제1항에 따라 국회의원의 정수는 300명(지역구 254 + 비례 대표 46)입니다. 300명의 3분의 2 이상은 200명부터입니다. '이상' 또는 '이하'라고 되어 있는 경우에는 그 앞에 있는 숫자를 포함합니다. 만약 국회의원의 의원직 상실 등으로 4명의 결원이 생겨 재적 의원이 296명이 되는 경우 3분의 2는 계산상으로는 197.3명이 되지만, 재적 의원 3분의 2에는 미달하기 때문에 부결되는 것입니다. 사사오입의 공식을 적용하면 197이 3분의 2가 되지만, 사람은 사사오입을 할 수 없으므로 이 경우 3분의 2는 198명부터입니다.

판결과 결정

판결은 사건의 본안(本案)에 관해 법원이 선고하는 유권적 판단입니다. 형사 재판의 경우 유죄 또는 무죄 판결, 민사 재판의 손해 배상 청구 소송이나 행정 재판의 경우 원고 승소 또는 원고 패소 판결 등을 가리켜 판결이라는 용어를 씁니다.

가끔 가처분 신청에 대한 법원의 판단을 가리켜 '판결'이라고 말하는 사람들이 있습니다. 가처분 신청에 대한 법원의 판단은 사건의 본안에 대한 판단이 아니므로 '판결'이 아니라 '결정'이라고 말합니다. 공무원이 징계 처분을 받고 법원에 '징계 처분 무효 확인 청구의 소'를 제기했을 경우 판결이 선고되기까지 시일이 많이 걸리고, 그 사이에 회복하기 어려운 손해가 발생할 우려가 있을 경우 원고인 공무원은 징계 처분 효력 정지 가처분 신청을 합니다. 이때 법원이 내리는 판단을 가리켜 '결정'이라고 합니다.

헌법재판소의 결정

헌법재판소가 내리는 유권적 판단의 경우 그것이 사건의 본안에 관한 것이라 하더라도 '판결'이라고 하지 않고 '결정'이라고 합니다. 헌법재판소가 내리는 사건의 본안에 대한 판단을 '판결'이라고 부르지 않고 '결정'이라고 하는 것이 입법론적으로 바람직한가에 대해 저는 회의적입니다. 판결이라고 표현하는 것이 맞습니다.

다만, 현행 「헌법재판소법」 제23조 제2항은 "재판부는 종국심리(終局審理)에 관여한 재판관 과반수의 찬성으로 사건에 관한 결정을 한다. 다만, 다음 각 호의 어느 하나에 해당하는 경우에는 재판관 6명 이상의 찬성이 있어야 한다."라고 규정함으로써 판결이 아니라 결정이라는 용어를 사용하고 있습니다.

사법과 검찰

사람들이 사법권과 검찰권을 제대로 구분하지 못하는 경우가 많이 있습니다. 국가 권력을 세 개로 나눌 때 우리는 입법권, 집행권(행정권), 사법권이라고 말합니다. 사법권은 재판권을 의미합니다. 사법'권'과 달리 사법'부'는 재판권을 본질적 권한으로 하면서 각종 사법 행정권(법관 인사 등)도 행사하는 기관입니다(사법부 > 사법권). 이와는 달리 검찰(또는 검찰권)은 집행부(행정부) 소속입니다. 검찰은 재판을 하는 기관이 아니라 형사 사건을 조사해 기소 여부를 결정하고, 기소를 하는 경우 소송을 수행하며, 유죄 판결이 선고된 사건에 대한 유죄 판결을 집행하는 기관입니다.

다만, 검찰은 일반 행정 기관과는 달리 국가 형벌권의 행사에서 사건의 조사·기소·소송 수행·재판 집행을 하기 때문에 '준'사법 기관이라 부르기도 하고, 그 핵심적 권한을 '준'사법권이라고 말하기도 합니다. 이 때문에 행정권의 경우 행정권의 '중립적' 행사라는 용어가 성립되지 않지만, 검찰권 행사에서 검찰권의 중립적 행사는 검찰권의 '본질적 요소'가 되어 있는 것입니다.

피고인과 피고

형사 소송에서 검사로부터 기소를 당한 사람을 가리켜 피고인(the accused)이라고 하고, 나머지 소송(민사 소송, 행정 소송, 특허 소송 등)에서는 소송을 제기당한 사람을 가리켜 피고(a defendant)라고 합니다. 다만, 헌법 소원 등 헌법 재판(헌법 소원 심판, 위헌 법률 심판, 탄핵 심판, 위헌 정당 해산 심판, 권한 쟁의 심판)에서는 심판 청구를 하는 사람을 가리켜 청구인, 심판 청구를 당한 사람을 가리켜 피청구인이라고 합니다.

피청구인 대통령 윤석열에 대한 탄핵 심판이 졸속 재판으로 흐를까 봐 우려된다고요?

대통령 윤석열에 대한 헌법재판소 탄핵 심판의 초기에는 심판 진행이 예측 가능한 정도의 속도를 유지하고 있었습니다. 피청구인 측에서는 그에 대한 불안감을 느꼈던지 탄핵 심판이 졸속 재판으로 흘러서는 안 된다는 견제구를 던지기 시작했습니다.

가짜 뉴스가 제아무리 판을 친다 하더라도 국민들의 미디어 리터러시(media literacy)가 강하면 큰 문제는 없습니다. 실제로 우리 사회의 미디어 리터러시 수준이 어느 정도인지는 각자의 판단 몫입니다. '초연결 사회(hyper-connected society)'인 현 시대에 레거시 미디어(legacy media)들이 외국에서 일어나는 뉴스거리를 독과점적으로 확보해 이를 비틀거나 오역해서 전달하는 시대도 저물어 가고 있습니다. 그들보다 훨씬 더 똑똑한 개인들이 바닷가의 모래알

처럼 많아지고 있기 때문입니다.

12·3 비상계엄의 처참한 실패로 헌법재판소의 탄핵 심판과 법원의 내란죄 형사 재판을 동시에 받고 있는 대통령 윤석열의 탄핵 심판과 관련해 숱한 말들이 쏟아져 나오고 있습니다. 그 말들 중 하나가 "대통령 윤석열에 대한 탄핵 심판이 졸속 재판으로 흐를까 봐 우려된다." 라는 말입니다.

2017년 대통령 박근혜 탄핵 심판의 경우 탄핵 소추 사유가 대통령의 탄핵에 이를 만한 것인지 8명의 재판관 사이에 의견 차가 있었습니다.

저는 헌법재판소의 대통령 박근혜 파면 결정을 독일의 화학자 유스투스 폰 리이비히의 '최소량의 법칙'으로 설명한 적이 있습니다. 다수 의견에 이의가 있는 헌법재판관은 대통령 파면 결정에 반대하면서 자신의 반대 의견을 소수 의견으로 남겨 놓으면 됩니다. 이정미 권한대행이 이끄는 헌법재판소는 탄핵 소추 사유 중 모든 재판관들이 동의하는 선에서, 즉 최소량의 선에서 재판관 전원 일치의 의견을 도출해 냈습니다. 탄핵 심판에서는 여러 개의 탄핵 소추 사유 중 단 하나의 탄핵 사유만 인정돼도 파면이 결정되기 때문입니다.

대통령 박근혜 탄핵 심판 청구 사건과 대통령 윤석열

탄핵 심판 청구 사건 사이에 매우 큰 차이가 있습니다. 그것은 후자의 경우 대통령 윤석열이 자신의 파면을 정당화할 수 있는 명백한 사유를 셀 수 없을 정도로 많이 만들어 놓았다는 것입니다. 그 사유들은 이의 제기의 여지가 (거의) 없는 것들입니다. 탄핵 소추 사유가 명확한지 아니면 다툼의 여지가 (거의) 없는지에 따라 헌법재판소의 재판 절차의 속도가 결정됩니다. 대통령 윤석열 탄핵 심판이 빠르게 진행될 수밖에 없는 이유는 탄핵 소추 사유가 너무나도 명확하기 때문입니다.

피청구인 측이 계속적으로 재판 지연 전략을 구사하고 있고, 하루 이틀 전부터는 「헌법재판소법」 제51조가 규정하고 있는 "피청구인에 대한 탄핵심판 청구와 동일한 사유로 형사재판이 진행되고 있는 경우에는 재판부는 심판절차를 정지할 수 있다."라는 조항을 근거로 심판 절차 정지 청구를 할 수 있다는 말이 나오고 있습니다. 하지만 그러한 청구를 한다 하더라도 재판부가 청구 기각 결정을 내리면 그것으로 끝입니다.

탄핵 심판은 피청구인에 대한 '탄핵 사유의 유무를 묻는 헌법 재판'이고, 내란죄 재판은 형사 피고인 윤석열의 '내란죄 성립 여부를 묻는 형사 재판'입니다. 이러한 두 재판의 사유는 「헌법재판소법」 제51조가 말하는 "동일한 사유"가 아닙니다.

덧붙여

2004년 10월 4일 헌법재판소가 신행정수도의건설을 위한특별조치법에 대해 위헌 결정을 내렸습니다. '관습 헌법' 이론을 근거로 내세웠고요. 대한민국의 수도가 서울이라는 것은 조선 시대부터 전해 내려오는 관습 헌법이다, 그러니까 수도를 이전하기 위해서는 헌법 개정이 필요하다는 논리를 폈어요. 황당하기 짝이 없는 논거를 들이댄 것이지요.

헌법 개정이란 "의식적으로 (실정) 헌법의 조항을 고치거나 폐지하거나 (실정) 헌법에 새로운 조항을 추가하는 것을 말한다."라는 것이 당시 헌법학계의 정설이었어요. 이와 달리 말하는 경우, 사법시험 1차 객관식 시험에서는 오답으로 처리되었고, 2차 주관식 시험에서는 감점 처리되었지요.

이번 사건의 경우 그런 괴변(怪變)이 일어날 가능성은 전혀 없습니다. 걱정하지 않으셔도 됩니다.

헌법재판소가 권한 쟁의 심판 청구에 대한 인용 결정을 내리더라도 대통령 권한 대행이 헌법재판관을 임명하지 않을 수도 있다고?

헌법재판관 9인 중 국회 선출 몫 1인에 대한 대통령 권한 대행의 버티기가 이어지고 있었습니다. 저는 그 돌파구로 국회가 헌법재판소에 권한 쟁의 심판을 청구할 것과 헌법재판소가 대통령 권한 대행의 그러한 헌법재판관 임명 부작위는 '헌법 위반과 법률 위반'이라고 선언하는 것에 그치지 말고 그 대안에 해당하는 새로운 결정례를 만들 것을 권고했습니다. 국회를 향해서는 헌법재판소법을 개정해서 이런 일이 다시는 발생하지 않도록 하라는 의견을 냈습니다.

대통령이 국회의 탄핵 소추안 의결로 권한 행사가 정지되었고, 권한 대행인 국무총리 한덕수도 국회의 탄핵 소추안 의결로 권한 행사가 정지되었습니다. 그 뒤를 이어받은 기획재정부 장관 최상목 역시 권한 대행의 지위에서 '헌법에 충성'하는 길을 버리고 자신의 정파 이익에 충성하고 있습니다.

국회의장은 국회가 선출한 헌법재판관 후보자 1인에 대한 임명을 권한 대행 최상목이 '유보(?)'하고 있는 행위를 헌법적으로 문제 삼았습니다. 그 결과 권한 대행 최상목이 헌법재판관 임명을 미루는 부작위가 국회의 헌법재판관 선출권을 침해하고 있다는 것을 이유로, 헌법재판소에 권한 쟁의 심판 청구를 했습니다.

이 사건에 대한 헌법재판소의 결정 선고가 눈앞에 와 있는 시점에, 설사 헌법재판소가 권한 쟁의 심판 청구를 인용하는 결정을 선고하더라도 권한 대행 최상목은 그 결정에 따르지 않을 것이라는 소문이 떠돌고 있습니다.

권한 대행 최상목의 그동안 처신에 비추어 볼 때 그러한 소문은 단순한 '기우(杞憂)'가 아니라 어느 정도 '개연성'이 있어 보이는 게 사실입니다.

저는 이런 상황에 대비해서 소셜 네트워크 서비스(SNS)를 통해 한 가지 제안을 했었습니다. 우리나라의 정치 수준으로 볼 때 앞으로 이런 일이 또 생기지 않으리라는 보장이 없다, 이 기회에 헌법재판소가 '결정례'를 만들어 주면 좋겠다는 제안이었습니다. 저의 의견은 헌법재판소가 이번 권한 쟁의 심판 청구의 인용 결정을 하는 데서 끝내지 말고, 헌법재판소의 결정을 무시하는 경우에 대비해서 헌법재판소가 결정을 선고한 때로부터 며칠 이내에 임명하라, 그 시한을 경과하면 그때부터 헌법재판관이 임명된 것으로 간주한다는 결정을 하라는 것이었습니다. 이러한 '변형 결정'은 헌법재판소가 국회가 제정한 법률 또는 법률 조항에 대해 헌법 불합치 결정을 선고할 때 사용하고 있는 결정 형식이기도 합니다.

국회가 「헌법재판소법」을 개정해서, 국회가 헌법재판관 선출 의결을 하고 정부에 통지한 때부터 며칠 이내에 임명하지 않으면 헌법재판관에 임명된 것으로 간주하는 조항을 만들 수도 있습니다.

저는 「독일연방헌법재판소법」 제4조 제4항을 이곳에 적어 놓기도 했습니다. 「독일연방헌법재판소법」 제4조 제4항에 따르면 선임 재판관의 임기가 만료되었는데도 후임 재판관이 임명되지 않을 경우, 후임 재판관이 임명될 때까지 선임 재판관은 그 직무를 계속 수행해야 하는 것으로 규정하고 있습니다. 독일에서는 실제로 그런 사례가 있었습니다. 선임 재판관은 빨리 나가고 싶어 하는데, 후임 재판관이 들어오지 않아 힘들어 하고 있다는 말도 들은 적이 있습니다. 저의 이 글을 읽었는지 (독일연방헌법재판소법 관련 조항을 직접 읽었을 리는 없는) 야당의 어느 국회의원이 이러한 내용의 헌법재판소법 개정 법률안을 대표 발의했다는 보도가 나왔습니다.

권한 대행 최상목이 헌법재판소의 권한 쟁의 심판 청구를 존중하지 않고 버티는 경우, 국회는 다음 수순을 고려해 둬야 합니다. 정부조직법이 규정하고 있는 다음 순위의 대통령 권한 대행에게로 권한이 넘어가는 것을 전제로, 권한 대행 최상목에 대한 탄핵 소추안을 신속하게 발의·의결해야 합니다.

'또다시 권한 대행을 세우는 거야?'라는 여론의 역풍을 염려할 수도 있지만, 권한 대행 최상목 반헌법적 행위가 여론 역풍의 기세를 어느 정도 꺾어 놓고 있으므로 그런 역풍은 걱정하지 않아도 됩니다. 최상목 다음 수순의 권한 대행은 최상목보다 더 심할 것이라는 염려도 있습니다. 그런 염려가 현실로 나타날 개연성 역시 높습니다.

바로 그 사람이 저의 교육감 시절, 제가 정부의 교육 정책에 고분고분 따르지 않는 것을 불만스럽게 생각했는지 여러 차례 저를 검찰에 고발한 사람입니다. 지금의 야당 국회의원들 중에는 그 사람에게 우호적인 국회의원들이 있다는 것도 알고 있습니다. 상황이 그렇다 하더라도 헌법재판소 결정의 헌법적 권위를 세우는 일에 국회가 주저해서는 안 됩니다.

탄핵의 종착지는 계엄 불가능한 개헌?

헌법에 '계엄은 허용되지 않는다'라는 명시적 규정을 둔다고 해서 계엄에 대한 유혹이 사라지는 것은 아닙니다. 이와는 반대로 전쟁과 같은 국가 긴급 사태에서는 계엄이 필요합니다. 정치인들 중에는 이런 기본적인 헌법 지식도 모르는 사람들이 있습니다.

우리나라 정치인들의 아무 말 대잔치는 무한대입니다. 정치인들에게 가장 중요한 것이 언론에 자기 이름과 사진이 꾸준히 나오는 겁니다. 욕을 얻어먹더라도 나와야 합니다. 선거에서 뻔히 떨어질 줄 알면서도 출마한 사람에게 왜 굳이 나왔느냐고 물어보면 사람들에게서 잊히는 것이 두려웠다고 말합니다. 임기가 끝나면 잊히고 싶다고 말해 놓고 자기 드러내기를 계속하는 전직 대통령도 있습니다. '잊히다'는 말의 의미를 모르기 때문입니다. 자기 무식과 자기 현시욕의 발로입니다.

어제 들은 말이 있습니다. 당선될 거라고 생각하고 나왔느냐고 물어봤더니 점쟁이가 당선된다고 해서 출마했다고 대답하더라는 겁니다. 정치인은 자기 부고(訃告)를 제외하고는 언론에 자기 이름과 사진이 계속 나오는 것을 갈망하는 존재입니다.

오늘 아침에 "탄핵의 종착지는 계엄 불가능한 개헌"이라는 제목의 어느 언론사의 기사가 올라와 있었습니다. 모르는 사람의 특권은 아무 말이나 할 수 있다는 것입니다. 이 정치인은 아무 말이나 하는 정치인으로 분류해도 지나침이 없습니다.

오늘날 각국의 헌법이 명시적으로 국가 긴급권을 규정하고 있는 목적이 무엇인지, 국가 긴급권 발동의 전제가 되는 국가 긴급 사태의 개념이 무엇인지, 국가 긴급권의 행사 가능성을 명시한 헌법이 동시에 국가 긴급권의 행사를 통제하는 장치를 만들어 놓는 이유가 무엇인지에 대해서 전혀 아는 게 없어 보이는 정치인이 "탄핵의 종착지는 계엄 불가능한 개헌"이라고 말하는 것이 바로 지금 우리나라의 정치 수준입니다.

신문과 심문

법률 용어 중 사람들이 가장 심한 혼란을 겪는 것이 신문과 심문입니다. 이를 정확히 구분하고 기사를 쓰는 매체도 많지는 않습니다. 알고 보면 특별할 것도 없는 법률 용어입니다.

대통령 윤석열에 대한 탄핵 심판이 계속 진행 중이고, 이와 관련한 언론 보도도 마라톤식으로 이어지고 있습니다. 어느 국회의원의 말처럼 사람은 하다 보면 실수할 수도 있습니다. 하지만 실수는 어쩌다가 하는 것이어야 합니다. 같은 실수가 반복되면 그것은 실수가 아니라 '무지'입니다.

  법 용어로서의 '신문(訊問)'과 '심문(審問)'은 명확히 구별되고, 또 구별되어야 합니다. 탄핵 심판에서 신문은 청구인 측이 피청구인이나 증인에게 물어보는 것 또는 피청구인 측이 청구인 측이나 증인에게 물어보는 것을 가리킵니다.

탄핵 심판에서 청구인과 피청구인을 가리켜 양 당사자라고 말합니다. 심문은 헌법재판관들이 피청구인 측 또는 청구인 측에게 물어보는 것을 가리킵니다.

정리해서 말하면, 탄핵 심판의 양 당사자인 청구인 측과 피청구인 측이 서로에게 물어보는 것은 '신문'이고. 재판관들이 물어보는 것은 '심문'입니다.

이것은 형사 재판에서도 마찬가지입니다. 검사가 피고인 또는 증인에게 물어보거나 피고인의 소송 대리인이 피고인 또는 증인에게 물어보는 것은 '신문'이고, 법관이 피고인 또는 증인에게 물어보는 것은 '심문'입니다. 형사 재판에서 검사와 피고인은 '소송 당사자'이고, 법관은 두 소송 당사자 중 누구의 말이 실체적 진실인지를 판단하는 위치에 있습니다.

선 지키기

탄핵 심판에 혼선을 빚게 하는 가장 효과적인 수단이 헌법재판관들 흔들기입니다. 헌법재판관들에 대해 우리가 가져야 할 가장 우선적인 마음가짐은 신뢰입니다.

대통령 윤석열에 대한 탄핵 심판 절차가 진행되고 있습니다. 영상을 통해서 헌법재판관들을 볼 때마다 '중노동도 저런 중노동은 없겠네.'라는 생각을 하게 됩니다.

설상가상으로 헌법재판관들에 대한 온갖 음해 공작, 위협, 시위가 정치적 의사 표현의 한계를 넘어 형사 범죄의 단계로 접어들고 있습니다. 또 다른 방향에서 나오는 압박도 있습니다. '헌법재판소는 대통령 윤석열을 신속하게 탄핵하라'는 요구입니다.

지금 이 시기에 헌법재판관들과의 관계에서 우리가

지켜야 할 선이 있습니다. 탄핵 사유, 즉 중대한 헌법 위반 또는 중대한 법률 위반의 존재 여부는 헌법재판관들이 판단해야 할 몫입니다.

우리 모두는 헌법재판관들을 신뢰하고 존중하면서 결과를 기다리고 있어야 합니다. 판단 결과에 대한 평가, 즉 판례 평석(評釋)은 얼마든지 가능하고 또 해야 합니다. 그러한 과정들을 통해서 헌법 제65조가 규정하고 있는 탄핵 제도의 규범적 취지가 더욱 구체화되는 것입니다.

탄핵 심판과 변호사 강제주의

2017년 이 무렵에도 대통령 박근혜에 대한 탄핵 심판 절차가 진행되고 있었습니다. 그때 사람들의 이해를 돕기 위해서 헌법재판소에 심판 청구를 할 때, 청구인이 변호사인 경우를 제외하고는 반드시 변호사를 선임해야 한다는 것을 설명하는 글을 썼습니다.

8년 전(2017년) 헌법재판소에서 '대통령 박근혜 탄핵 심판' 절차가 한창 진행되고 있던 오늘, 저는 "탄핵 심판과 변호사 강제주의"라는 제목의 글을 썼습니다. 여전히 시의성(時宜性)이 있는 글이라는 생각이 들어 이곳으로 다시 가져왔습니다.

"탄핵 심판과 변호사 강제주의"
국회가 대통령 박근혜 탄핵 소추안을 의결한 때가

2016년 12월 9일입니다. 그날로 대통령의 권한 행사는 정지되어 있습니다.

국회의 탄핵 심판 청구서를 접수한 헌법재판소는 현재 탄핵 심판 절차를 진행하고 있습니다. 문제는 시간이 흐를수록 심판 절차 진행의 속도가 늦어지고 있다는 것입니다.

여기에는 피청구인인 박근혜의 소송 대리인단의 심판 절차 지연 기술도 한몫을 하고 있습니다. 가끔씩 불거져 나오는 변호인 총사임 카드도 그중 하나입니다. 그들이 말하는 변호인 총사임의 근거 법률 조항은 어떤 것일까요? 그것은 「헌법재판소법」 제25조 제3항입니다.

헌법재판소법 제25조 제3항은 "각종 심판절차에서 당사자인 사인(私人)은 변호사를 대리인으로 선임하지 아니하면 심판청구를 하거나 심판 수행을 하지 못한다. 다만, 그가 변호사의 자격이 있는 경우에는 그러하지 아니하다."라고 규정하고 있습니다.

이름하여 '변호사 강제주의'입니다. 이 조항에 따라 헌법재판소의 각종 소송에서 '나 홀로 소송'은 원칙적으로 금지되어 있습니다. 학자들은 이 조항이 헌법상의 평등권을 침해한다는 이유를 들어 위헌성을 제기하고 있습니다.

문제는 탄핵 심판의 피청구인 박근혜 대통령의 소송 대리인단이 실제로 총사임을 하면 탄핵 심판 절차는 정지될까요? 그런 근거 조항은 없습니다. 왜냐하면 대통령 박근혜는 사인(私人)이 아니라 국가 기관이기 때문입니다. 만약 피청구인 박근혜의 소송 대리인들이 총사임을 하는 경우 더는 심판 절차를 진행할 수 없다고 해석한다면, 그것은 탄핵 심판 절차를 피청구인 박근혜가 좌지우지 하는 것을 허용하는 결과가 됩니다. 이 경우 국회의 탄핵 소추안 의결권도 유명무실해지고 마는 것입니다.

　결론적으로 대통령 박근혜 탄핵 심판 절차에서 그의 소송 대리인들이 총사임하더라도 심판 절차는 그대로 진행되어야 합니다.

위헌 정당 해산 제도란?

12·3 비상계엄을 통해 정치적 목적을 달성하려 한 대통령 윤석열과 집권 여당 국민의힘의 행위를 보면서 저는 '저런 정당은 헌법 제8조 제4항이 규정하는 위헌 정당 해산 심판을 받아야 하는 정당이다.'라는 생각을 하며 이 글을 썼습니다. 2014년 12월 19일 헌법재판소가 해산 결정을 선고한 통합진보당과 윤석열의 헌법 질서 유린 및 그에 동조한 국민의힘을 비교하면 국민의힘이 위헌 정당으로 해산당해야 할 사유는 통합진보당보다 훨씬 더 중대하고 명백합니다. .

거의 한 세기 전, 독일의 헌법학자 게르하르트 라이프홀쯔(Gerhard Leibholz)가 정당 국가(Parteienstaat)라는 헌법 용어를 창안한 이후 정당 국가라는 헌법 용어는 현대 민주주의의 본질을 설명하는 이론으로 자리매김했습니다. 정당 국가란 정당이 국정 운영의 중심적 지위를 차지하는 국가를 말합니다.

우리나라 헌법은 제8조 제1항부터 제4항*까지 정당에 관해 규정하고 있습니다. 제8조 제1항은 정당 설립의 자유와 복수 정당제를 보장하고 있습니다. 복수 정당제는 두 개의 정당, 즉 양당제를 배제합니다. 복수 정당제는 두 개 이상의 정당 설립을 보장하고 있고, 그 상한선에 관한 제한은 없습니다.

제8조 제2항은 정당의 당내 민주주의와 정당의 가장 중요한 헌법상 기능인 "국민의 정치적 의사형성에 참여하는 기능"을 규정하고 있습니다. 이 조항에 따라 정당은 5개 이상의 시·도당을 가져야 하고(「정당법」 제7조), 시·도당은 1,000명 이상의 당원을 가져야 한다고 규정하고

---

* 헌법 제8조
제1항: 정당의 설립은 자유이며, 복수정당제는 보장된다.
제2항: 정당은 그 목적·조직과 활동이 민주적이어야 하며, 국민의 정치적 의사형성에 참여하는데 필요한 조직을 가져야 한다.
제3항: 정당은 법률이 정하는 바에 의하여 국가의 보호를 받으며, 국가는 법률이 정하는 바에 의하여 정당운영에 필요한 자금을 보조할 수 있다.
제4항: 정당의 목적이나 활동이 민주적 기본질서에 위배될 때에는 정부는 헌법재판소에 그 해산을 제소할 수 있고, 정당은 헌법재판소의 심판에 의하여 해산된다.

있습니다(「정당법」 제8조). 제8조 제2항은 '전국 단위'의 정당만을 인정하고 있고, '지역 단위'의 정당은 인정하지 않고 있습니다. 이것은 거대 정당이 항구적으로 정치적 기득권을 누리는 헌법적 장치로 활용되고 있습니다. 독일을 비롯한 유럽 여러 나라에서는 '전국 단위'의 정당뿐만 아니라 '지역 단위'의 정당도 인정하고 있습니다. 시 단위의 정당인 '시당(市黨)'이 바로 그런 사례입니다.

제8조 제3항은 정당에 대한 국가의 보호와 정당 운영 자금의 국고 보조를 규정하고 있습니다.

제8조 제4항은 위헌 정당 해산 조항입니다. 정당의 목적이나 활동이 민주적 기본 질서에 위배될 때 헌법재판소의 심판으로 그 정당을 해산시키는 근거 조항입니다.

우리나라에서 위헌 정당 해산 조항이 헌법에 들어온 것은 5·16 군사 쿠데타 후 개정된 헌법(제5차 헌법 개정) 제7조 제3항 단서입니다. 지금과 같은 헌법재판소가 없던 당시에 위헌 정당은 대법원의 해산 판결로 해산되도록 해 놓았습니다. 그 후 헌법은 표현만 조금씩 바꾸었을 뿐 현재의 헌법인 1987년 헌법 개정까지 그 기조를 이어 오고 있었습니다.

우리는 여기에서 우리나라 헌법에 위헌 정당 해산 조항이 들어오게 된 헌법사적 배경이 무엇인지를 살펴보아야 합니다. 이승만(李承晩)의 자유당 정권 체제하에서 활동하던 진보당이 있었고, 그 당수는 이승만의 정적 조봉암(曺奉巖)이었습니다. 이승만 정권은 조봉암을 처형하는 것으로 그치지 않고 진보당을 해산시켰습니다. 그 방법은 공보처의 해산 처분, 즉 행정 처분이었습니다.

위헌 정당 해산의 근거 조항을 헌법에 규정한 목적은, 위헌 정당이라는 이유로 정당을 해산하는 행위를 엄격하게 제한하기 위함이었습니다. 위헌 정당 해산 조항은 '거대 정당'을 보호하는 조항이 아니라 '군소 정당'을 보호하는 조항이었습니다. 현행 헌법 제8조 제4항은 거대 정당, 특히 정권을 잡고 있는 여당이 위헌 정당에 해당하는 경우에는 사실상 해산시킬 수 없도록 해 두었습니다.

헌법 제8조 제4항은 "정당의 목적이나 활동이 민주적 기본질서에 위배될 때에는 정부는 헌법재판소에 그 해산을 제소할 수 있고, 정부는 헌법재판소의 심판에 의하여 해산된다."라고 규정하고 있습니다.

정당의 목적이나 활동이 헌법 위반에 해당하는 전형적인 사례는 바로 형법이 규정하고 있는 내란죄와 외환죄(제84조~제104조의 2)입니다. 12·3 비상계엄을 선포한 대통령 윤석열이 검찰에 의해 기소된 범죄는 내란죄입니다. 그는 여당의 당원입니다. 그 여당은 대통령 윤석열을 조직적으로 엄호하고 있습니다.

상황이 이렇게 심각한데도 여당에 대한 위헌 정당 해산 논의는 전혀 없습니다. 헌법재판소가 여당에 대한 위헌 정당 심판을 할 여지도 없습니다. 이유는 간단합니다. 헌법재판소에 위헌 정당 해산을 제소하는 권한은 '정부'에 있고, 그 정부는 바로 '여당의 정부'이기 때문입니다.

헌법의 위헌 정당 해산 조항이 해산시키라고 명령하는 정당에는 손도 댈 수 없고, 만만한 군소 정당을 대상으로 휘두르는 칼이 우리나라 헌법의 위헌 정당 해산 조항입니다.

덧붙여

헌법에 위헌 정당 해산 제도를 규정하고 있는 사례는 적습니다. 정당에 대한 판단은 주권자인 국민의 손에 맡기라는 뜻이 담겨 있는 것이지요. 이 때문에 국민의 정치의식이 중요합니다. 이제는 '묻지 마 투표'라는 투표 기계의 행태는 버려야지요. 주권자로서 부끄럽게 생각해야 합니다.

이 제도를 굳이 헌법에 두겠다면, 헌법재판소에 위헌 정당 해산을 제소할 수 있는 권한을 정당에게 주는 것이 맞습니다. 정부의 제소권은 삭제해 버리고요.

정권이 바뀌면 새로운 정부가 국무회의의 심의를 거쳐 헌법재판소에 지금의 여당에 대한 위헌 정당 해산 심판 청구를 할 수 있습니다.

계엄은 대통령의 권한이라고?

계엄은 대통령의 당연한 권한이라는 주장이 계속 나왔습니다. 그러한 주장에는 계엄 선포의 사유와 필요한 조치의 선택은 대통령이 아무런 한계 없이 혼자서 결정할 수 있는 것이라는 반헌법적 의지가 깔려 있었습니다.

대통령 윤석열 탄핵 심판 청구에 대한 헌법재판소의 심리 절차에서 "계엄은 대통령의 권한"이라는 말이 나왔습니다. 맞습니다. 헌법 제77조 제1항은 계엄 선포권을 대통령에게 부여하고 있습니다. 다만, 제77조 제1항~제5항은 계엄 선포의 요건, 계엄 선포의 절차와 형식, 선포된 계엄의 효력, 선포된 계엄에 대한 국회의 통제 등을 규정하고 있습니다. 계엄 선포의 절차에는 헌법 제89조 제5호에 따라 국무회의 심의가 덧붙여집니다.

헌법 제82조에서는 "대통령의 국법상 행위는 문서로써 하며, 이 문서에는 국무총리와 관계 국무위원이 부서한다. 군사에 관한 것도 또한 같다."라고 규정하고 있습니다.

헌법 제77조 제2항은 계엄을 비상계엄과 경비계엄 두 가지로 규정하고 있고, 대통령 윤석열은 비상계엄을 선포했습니다. '비상'이라는 명칭이 붙었다고 해서 대통령이 마음대로 비상계엄을 선포할 수 있는 게 아닙니다. 대통령의 비상계엄 선포는 현행 헌법에 위반하지 않는 것이어야 합니다. 현재 헌법재판소에서 진행되고 있는 탄핵 심판은 바로 그 지점을 보고 있는 것입니다. '대통령인 내가 하겠다는데 뭘?'이라는 헌법 지식과 헌법 감수성으로는 백전백패할 수밖에 없습니다.

비상계엄 선포의 요건은 "대통령은 전시·사변 또는 이에 준하는 국가비상사태에 있어서 병력으로써 군사상의 필요에 응하거나 공공의 안녕질서를 유지할 필요가 있을 때에는 법률이 정하는 바에 의하여 계엄을 선포할 수 있다."라는 헌법 제77조 제1항에 규정되어 있습니다.

야당이 선제 탄핵하겠다고 했다, 국회에서 행한 새해 예산안 기조연설이 반쪽짜리 연설이었다, (나더러) 빨리 사퇴하라고 했다, 줄탄핵을 했다, 야당은 정권 파괴

가 목적이었다, 야당이 불통과 일방통행이었다…… 등
등의 항변은 비상계엄을 정당화시키는 헌법적 논증(論證, Begründung)이 아니라 세속적 넋두리에 지나지 않습니다.

귀속은 의무라는 뜻이다?

대통령 탄핵 심판과 관련해 날마다 새로운 말들이 나오고 있었습니다. 기자들은 마치 듣기 평가를 당하는 듯한 곤혹감을 느낄 수도 있을 것 같습니다. 그러다 보니 듣기 오류가 발생하기도 합니다.

헌법재판소가 국회 선출 헌법재판관 후보자를 임명하지 않는 대통령 권한 대행의 부작위가 국회의 헌법재판관 선출권을 침해하는 것이라는 결정, 즉 청구 인용 결정을 하더라도 대통령 권한 대행은 헌법재판소의 결정에 따르지 않을 것이라는 정치적 애드벌룬이 계속 뜨고 있습니다. 이와 관련해 국회 법제사법위원회에서 위원들이 김석우 법무부 차관 등 관계 공무원들을 출석시켜 이 부분에 대한 질의를 집중적으로 하고 있습니다.

　어느 위원(국회의원)이 법무부 차관을 상대로 「헌법재

판소법」제67조 제1항을 읽어 주면서 정부는 헌법재판소 결정의 '기속력'에 따라 당연히 헌법재판관을 임명해야 하는 것 아니냐는 발언을 하고 있습니다.「헌법재판소법」제67조 제1항은 "헌법재판소의 권한쟁의심판의 결정은 모든 국가기관과 지방자치단체를 기속한다."라고 규정하고 있습니다.

위 국회의원의 발언은 여러 매체들을 통해서 실시간 속보로 나오고 있습니다. 그중 어느 인터넷 매체에서 기사의 제목으로 "귀속은 의무라는 뜻이다"라는 글자를 대문짝 크기로 걸어 놓고 있습니다. "귀속은 의무라는 뜻이다"가 아니라 "기속은 의무라는 뜻이다"로 고쳐 써야 합니다. 그 위원(국회의원)은 분명히 '기속'이라고 말했는데, '기자가 '귀속'으로 잘못 들었던 겁니다.

위「헌법재판소법」제67조 제1항을 가리켜 헌법재판소 결정의 '기속력(覊束力, Bindungswirkung, binding effect)'이라고 말합니다.

2014년 4월 16일 세월호 사건 때 서울의 어느 전국 단위 유명 일간지 기자가 저의 의견을 듣기 위해 전화를 걸어 왔고, 저는 선장과 선원들이 학생들을 비롯한 세월호 승객들의 생명을 구조하지 않은 행위는 '부작위'에 의한 살인이라고 말했습니다.

그 다음 날 해당 매체의 종이 신문에는 저의 말이 '부자기'에 의한 살인으로 실렸습니다. 그때부터 저는 가능한 한 전화 인터뷰는 하지 않고, 부득이하게 인터뷰를 하더라도 전문 법률 용어에 대해서는 한 글자 한 글자 숨쉬기를 하며 말합니다.

대통령은, 민주적 정당성이 가장 큰 자리입니다?

법조 고위직을 지낸 경력을 훈장처럼 달고 다니는 사람들이 가끔 하는 짓이 있습니다. 그것은 다른 사람이 쓴 글들을 슬쩍 들여다보는 일입니다. 그들은 그 글들을 정확히 적고 기억해 둬야 할 텐데 적당히 대충 하다 보니 결정적인 단어를 빠뜨리기도 합니다.

언제 헌법 공부를 체계적으로 해 봤겠습니까? 언제 간단한 헌법 논문 하나 써 봤겠습니까? 외국 헌법 문헌이나 헌법 판례 하나 제대로 읽어 봤겠습니까? 수험 준비하며 헌법 책 달달 외운 것을 헌법 지식의 자산으로 삼으며 평생 부귀와 권세를 누려 온 사람들의 입에서 헌법은 어쩌고저쩌고 하는 말들이 쏟아져 나오는 시절입니다. 헌법 이론과 관련해 뭔가 아는 체는 해야겠고, 조금이라도 유식해 보이는 용어를 사용하고 싶지만 그게 맘대로 되지는 않을 겁니다. 그게 당연하고요.

"대통령은 (…) 민주적 정당성이 가장 큰 자리입니다."

헌법재판소의 탄핵 심판 과정에서 나온 어느 전문가의 말입니다. 그렇게 말하는 게 아닙니다. 대통령과 국회의원은 선거를 통해서 '직접적으로 민주적 정당성(unmittelbar demokratische Legitimität)'을 부여받은 사람들이라고 말해야 하는 것입니다. '직접적으로(unmittelbar)'라는 단어를 빠뜨리면 안 됩니다.

국무총리는? 국무총리는 직접적으로 민주적 정당성을 부여받은 대통령이 임명하는 사람이기 때문에 '간접적으로 민주적 정당성(mittelbar demokratische Legitimität)'을 부여받았다고 말하는 것입니다.

국민으로부터 직접적으로 민주적 정당성을 부여받으면 그것으로 끝일까요? 그렇지 않습니다. 그러한 민주적 정당성은 임기 내내 이어 가야 합니다. 그것을 가리켜 민주적 정당성의 사슬(demokratische Legitimationskette)이라고 합니다.

어떤 사람은 처음 부여받은 민주적 정당성보다 그 크기를 더 크게 만들어 가는가 하면, 다른 어떤 사람은 처음 부여받은 민주적 정당성보다 크기를 더 축소시켜 가기도 합니다.

현재 헌법재판소에서 탄핵 심판 청구 심리를 받고 있

고 내란죄 피고인으로 법원의 형사 재판을 받는 대통령 윤석열은, 선거 때 국민으로부터 직접적으로 받은 민주적 정당성의 크기와 비교할 때 그것을 훨씬 더 줄여 나가는 사례에 해당합니다.

민주적 정당성의 '크기(Grösse)'라는 용어는 이 지점에서 사용하는 것입니다. 이런 기초적인 헌법 지식도 없이 탄핵 심판에 관한 장광설을 늘어놓으니까 '법 기술자(legal technicians)'라는 조롱을 당하는 것입니다.

저는 이런 상황을 접할 때마다 개그우먼 강유미가 그리워집니다. "니들이 고생이 많다."

불체포 특권 폐지해야?

정치인들은 다른 정치인들이 하지 않은 말을 자신이 처음으로 할 때 쾌감과 성취감을 느끼는 것 같습니다. 그러한 데에 지나치게 집착하다 보면 헌법적으로 전혀 허용되지 않는 말을 내뱉기도 합니다. 그 대표적인 말이 국회의원의 불체포 특권을 폐지해야 한다는 발언입니다.

잊을 만하면 누군가 던지는 말 중 하나가 "국회의원의 불체포 특권을 폐지해야 한다."라는 말입니다. 오늘도 어느 정치인이 그 말을 내뱉었습니다.

전현직 국회의원들, 주제에 맞지 않게 큰 꿈을 꾸는 사람들이 자신의 정치적 상품 가치를 높이기 위해 그 말을 던집니다. 말이 되든 안 되든 받아쓰기 신공을 펼치는 대한민국의 언론들은 그 말로 기사 공간 채우기를 합니다. 결론을 먼저 말한다면, 국회의원의 불체포 특권은 헌법 개정 없이는 폐지할 수 없습니다.

헌법 제44조는 이렇게 규정하고 있습니다.

"① 국회의원은 현행범인인 경우를 제외하고는 회기 중 국회의 동의없이 체포 또는 구금되지 아니한다.

② 국회의원이 회기 전에 체포 또는 구금된 때에는 현행범인이 아닌 한 국회의 요구가 있으면 회기 중 석방된다."

위의 헌법 제44조는 이렇게 해석해야 합니다.

불체포 특권의 주체는 국회의원이다. 이 특권은 국회가 폐회 중인 때에는 적용되지 않고, 국회가 회기 중인 때에만 적용된다. 불체포 특권을 헌법이 직접 규정하는 취지는 국회의 헌법상 권한 행사가 정권의 부당하고 과도한 체포권에 의해 침해당하지 않도록 하기 위함이다. 불체포 특권은 국회의원 개인의 이익을 보호하는 것이 아니라 국회의 헌법상 권한의 정상적인 행사를 보호하기 위함이다. 국회와 국회의원은 불체포 특권의 적용에 절제를 해야 한다. 과도한 불체포 특권의 적용은 이 특권을 부여하는 헌법의 정신에 반하는 것이다. 불체포 특권의 적정한 행사는 국회와 국회의원이 자율적으로 판단해야 한다, 헌법은 불체포 특권의 과도한 적용을 막기 위해 국회의원이 현행범인 경우에는 이 특권의 적용을 배제하고 있다.

그 누구보다 앞장서서 국회의원의 불체포 특권 폐지를 부르짖다가 막상 자기 자신이 범죄 행위에 연루되어 법원에서 체포 또는 구속 영장이 발부된 경우, 체포 또는 구속 동의안이 국회 본회의의 표결을 앞두고 있을 때 바짝 쫄고 있는 정치인들의 모습을 보는 것도 역겨운 일입니다.

국회의원의 불체포 특권은 국회와 국회의원들이 이 특권을 인정할 수밖에 없는 헌법의 취지에서 벗어나지 않게 해석·적용하는 것이 정도(正道)입니다. 불체포 특권이 '권리'라면 국회의원 개인이 포기할 수 있지만, 불체포 특권은 권리가 아니라 '권한'입니다. '권한'은 국회의원 개인의 것이 아니기 때문에 포기할 수 없는 것입니다.

이런 부류의 정치인들을 볼 때마다 가수 박현빈의 노래 〈샤방샤방〉에 나오는 가사 "아주 그냥 죽여줘요~"가 떠오릅니다.

덧붙여

국회의원의 불체포 특권은 1948년 헌법(제49조) 이래 계속 헌법에 규정되어 왔습니다. 헌법에 명시적으로 불체포 특권을 규정해 놓았음에도 불구하고, 이승만 정권을 비롯한 몇몇 정권은 국회의원들을 영장 없이 체포하는 반헌법적 행위를 자행했고요. 비상계엄을 선포하더라도 불체포 특권에는 손댈 수 없습니다.

제왕적 대통령제?

우리나라 정치인들의 헌법에 대한 이해도는 후하게 평가하면 상중하 가운데 '중'에 속합니다. 우리나라 헌법 조문들을 현미경으로 들여다보듯이 관찰해 보면 대통령이 자기 마음대로 행사할 수 있는 권한의 여지가 거의 없습니다. 그런데도 정치인들은 우리나라 헌법상의 대통령제를 가리켜 제왕적 대통령제라고 말합니다. 그들에게 헌법 몇 조가 제왕적 대통령제에 속하는지 물어보면 대답하지 못합니다. 2017년 5월 3일 저의 페이스북에 쓴 글을 다시 가져왔습니다.

미국의 사학자이자 사회 비평가인 아서 M. 슐레진저 주니어(Arthur M. Schlesinger, Jr.)의 *The Imperial Presidency*(제왕적 대통령제, 1974)라는 책이 있습니다. 이 책의 지은이 아서 슐레진저가 관심을 갖는 것은 두 가지입니다. 하나는 미국 연방 대통령제가 통제에서 벗어났다는 것이고, 다른 하나는 미국 연방 대통령제가 헌법적 한계를 넘어섰다는 것입니다.

여기에서 우리가 놓쳐서는 안 되는 건, '미국 연방 헌법'이 대통령의 권력을 그렇게 막강하도록 만들어 놓았다는 게 아니라 미국의 '정치 현실'이 대통령을 헌법의 틀에서 벗어나도록 했다는 것입니다. 그러한 정치 현실은 대통령 혼자의 힘으로 조성한 게 아니라 대통령과 함께 대통령 권력을 둘러싸고 있는 의회 권력, 사법 권력, 언론 권력 등이 합세해서 만들어 놓은 것입니다.

슐레진저가 이 책을 쓴 지도 벌써 40년 넘는 세월이 흘렀습니다. 그가 미국 연방 대통령 권력의 위험성에 대해 말했던 그때나 지금이나 한 가지 명확한 것이 있습니다. 미국 연방 대통령은 한국의 대통령들처럼 '헌법 위에 군림'하지는 않았다는 사실입니다. 미국의 헌법적 잣대를 우리나라 대통령들에게 들이댔다면 아마도 박근혜뿐만 아니라 상당수의 대통령들이 탄핵 대상이 되었을 것입니다.

우리나라 '헌법'의 대통령제가 제왕적 대통령제라고 말하는 사람들은 주로 정치권과 언론계에 있는 사람들입니다. 그들은 헌법을 개정해서 대통령 권력을 분산시키고 대통령 권력을 통제하기 위한 헌법 규정을 더 촘촘하게 만들어야 한다고 말합니다.

그렇다면 과연 헌법 몇 조가 대한민국의 대통령을 헌법 위에 군림하는 제왕으로 만들었을까요? 이 질문에 이르면, 우리나라 대통령제를 제왕적 대통령제라고 부르는 사람들이나 전문가들 누구일지라도 바로 이 조항이라고 명확하게 말하지 못합니다. 그들이 우리나라 헌법상의 제왕적 대통령제 조항을 주저함 없이 지목하지 못하는 이유는 아주 간단합니다. 현행 헌법 그 어디에도 제왕적 대통령제에 해당하는 조항이 없기 때문입니다.

헌법 규범은 도리어 대통령의 권력 남용을 막는 장치를 치밀하게 설치해 놓고 있습니다. 그럼에도 불구하고 부정할 수 없는 사실은 우리나라 대통령제는 제왕적 대통령제로 운용되어 왔다는 것입니다. 이유는 바로 이것입니다. 대통령이 권력을 남용하지 못하도록 헌법이 국회, 대법원, 헌법재판소, 감사원, 검찰 등 여러 기관에 권력을 부여했지만, 그 기관들은 헌법이 자신에게 부여한 권력을 헌법 규정에 맞게 행사하지 않았습니다. 헌법은 언론에게 대통령 권력을 감시하고 통제하도록 취재의 자유와 보도의 자유를 부여했지만, 언론은 대통령의 헌법 유린에 적극적으로 복무하는 집단이 되기를 자처했습니다.

헌법 제104조 제2항은 "대법관은 대법원장의 제청으로 국회의 동의를 얻어 대통령이 임명한다."라고 규정하고 있습니다. 헌법은 대통령의 대법관 임명권을 대법원장이 제청권으로 통제하도록 명령하고 있습니다. 대법원장이 갖고 있는 대법관 임명 제청권은 최소한 대법원장이 원하지 않는 사람이 대법관이 되는 것을 막을 수 있는 권한입니다.

헌법 제87조 제1항은 "국무위원은 국무총리의 제청으로 대통령이 임명한다."라고 규정하고 있습니다. 국무총리가 갖는 국무위원 임명 제청권이 대법원장이 갖는 대법관 임명 제청권과 그 헌법적 비중이 같다고 말할 수는 없습니다. 하지만 지금까지 그 어떤 정권하에서도 국무총리가 헌법상 자신에게 부여된 국무위원 임명 제청권을 '최소한으로'라도 행사한 적은 없습니다. 이명박·박근혜 정권 9년 동안 국회가 제아무리 의미 있는 법률을 제정하더라도 정권은 시행령과 시행 규칙을 통해 법률을 무력하게 만들면서 자신이 할 일을 막힘없이 해 나갔습니다.

시행령과 시행 규칙이 법률을 무력화시킨다는 것은 곧 헌법이 규정하는 국회 입법의 원칙(제40조)을 유린한다는 것을 뜻합니다. 국회의 입법권을 유린하거나 국민의 기본권을 '직접' 침해하는 시행령과 시행 규칙에 대해서는 헌법재판소가 위헌 결정을 내려 그 효력을 상실시킬 수 있습니다. 불행하게도 우리에게는 이명박·박근혜 정권 9년 동안 헌법재판소가 국민의 기본권을 직접 침해하는 시행령이나 시행 규칙을 무효화시킴으로써 '대통령의 심기를 거슬렀다'는 기억이 거의 없습니다.

「형사소송법」이 규정하는 기소 독점주의에 따라 기소 처분, 즉 형사 피의자를 형사 재판에 회부하는 처분은 검찰만이 할 수 있도록 되어 있습니다. 아무리 중대하고 악질적인 범죄를 저질렀다 하더라도 검찰이 아예 수사를 하지 않거나 수사를 하더라도 불기소 처분을 하면 그것으로 끝입니다.

정반대로 대통령의 눈 밖에 난 사람들에게는 여지없이 검찰의 칼날이 들어갔습니다. 수사로 괴롭히고, 압수·수색으로 위압적인 분위기를 조성하고, 1심과 2심에서 무죄 판결을 받더라도 대법원에 상고해서 끝까지 피고인을 압박하는 일을 검찰은 서슴지 않았습니다.

결론적으로 볼 때 대한민국 헌법은 매우 정상적입니다. 헌법은 대통령 권력뿐만 아니라 그 어떤 권력도 남용할 수 없도록 견제와 균형의 수단을 잘 갖춰 놓았습니다. 하지만 대통령을 포함한 그 어떤 권력 기관도 헌법의 정신과 가치에 충성하지 않았습니다. 헌법은 제왕적 대통령제를 금지하고 있었지만, 대통령과 그를 둘러싸고 있는 각종 권력이 우리나라의 '헌법 현실'을 제왕적 대통령제로 '변질'시켜 버렸던 겁니다.

그런 점에서 박근혜·최순실 국정 농단을 헌법 탓으로 돌리는 권력 기관과 그 구성원들은 매우 부도덕하고 무책임한 집단입니다. 그들이 국민과 헌법 앞에 뼈를 깎는 석고대죄를 하지 않는 한, 제왕적 대통령제라는 '헌법 현실'은 우리 앞에 다시 무섭게 다가올 수 있습니다.'

* 위 글은 2017년 5월 3일 저의 페이스북에 쓴 글입니다.

법원의 구속 취소 결정과 헌법재판소의 탄핵 심판

내란죄 우두머리 윤석열을 재판하고 있는 서울중앙지방법원 지귀연 부장판사가 느닷없이 구속 피고인 윤석열에 대한 구속 취소 결정을 내리면서 사람들은 혼란에 빠져들었습니다. 구속 취소 결정이 단순히 법리적인 판단에서 나온 것인지 아니면 차마 밝히지 못할 사유가 있는 것인지 단정할 수는 없지만, 윤석열에 대한 또 다른 구속은 얼마든지 가능하기 때문에 우리 모두 안심해도 좋다는 말을 하고 싶었습니다.

법원의 구속 취소 결정과 헌법재판소의 탄핵 심판은 별개입니다. 법원의 구속 취소 결정과는 상관없이 헌법재판소의 탄핵 심판은 그대로 진행됩니다. 법원의 구속 취소 결정이 내란 우두머리 혐의로 기소된 윤석열의 내란죄 재판 진행을 정지시킬 수도 없습니다.

늘어도 3월 14일(금)까지 탄핵 심판 피청구인 대통령 윤석열에 대한 헌법재판소의 파면 결정이 선고될 것으로 예상되고 있고, 그때부터 윤석열은 대통령 신분이 박탈되고 자연인의 신분만 유지하게 됩니다.

법원의 구속 취소 결정이 내려진 현재의 상태에서도 윤석열은 대통령으로서의 권한 행사가 그대로 정지됩니다. 더 구체적으로 말하면 집무실에 들어가거나 직무상의 지시를 할 수 없습니다. 이를 위반하면 윤석열에 대한 또 다른 범죄 사유가 발생합니다. 이것은 대통령 윤석열에 대한 국회의 탄핵 소추안 의결에 따른 효력입니다(헌법 제65조 제3항).

법원의 구속 취소 결정에 대해 검찰은 즉시 항고할 수 있습니다. 즉시 항고해야 합니다. 즉시 항고하는 것이 맞습니다.

법정 구속

바로 앞의 글에 이어지는 글입니다. 내란죄 피고인 윤석열이 다시 구속 당할 기회는 앞으로도 여러 차례 있습니다. 그중 가장 확실한 것이 법정 구속인데, 법정 구속이 구체적으로 어느 단계에서 이루어지는지 말하고 싶었습니다.

내란죄 피의자 윤석열에 대한 법원의 구속 취소 결정, 그에 뒤이은 검찰의 즉시 항고 포기로 혼란에 빠져 있는 분들이 많이 계십니다. 그분들께 드리고 싶은 말은 "걱정하지 마십시오."입니다.

이번 주에 대통령 윤석열 탄핵 심판 청구에 대한 헌법재판소의 결정이 내려지는 것은 거의 기정사실입니다. 파면 결정 선고 가능성은 99%입니다. 그때부터 윤석열의 이름 앞에 붙어 있는 '대통령'이라는 세 글자는 사라지고, 그는 일반 국민과 똑같은 신분으로 돌아갑니다.

헌법재판소의 결정으로 대통령직에서 파면당하는 것만으로 끝나는 게 아닙니다. 그에 대한 내란 우두머리 혐의의 형사 재판은 계속 진행됩니다. 재판 절차의 진행 중 또 다른 구속 사유가 발생하면, 그 사유로 그는 다시 구속 수감될 수도 있습니다.

그것과는 별개로 가장 확실한 가능성이 하나 있습니다. 형법 제87조 제1호는 내란 우두머리에 대한 법정형(法定刑)을 규정하고 있습니다. 사형, 무기 징역 또는 무기 금고입니다. 최소 무기 징역형의 선고를 피할 수 없습니다. 이 경우 1심 재판의 재판장은 내란죄 우두머리를 법정 구속시킬 수 있습니다. 그 가능성 또한 99%입니다. 법정 구속에는 검찰의 영장 청구가 필요하지 않습니다. 검찰이 영장을 청구할 수 있는 권한도 없습니다.

걱정하지 않으셔도 됩니다. 걱정하지 마십시오. 그가 현재 누리고 있는 '자유의 몸'은 일장춘몽(一場春夢)에 지나지 않습니다.

탄핵 심판 선고 늦춰지나? 구속 취소·변론 재개 등 변수?

언론에서 탄핵 심판 선고가 늦춰질 수 있다는 기사가 나오기 시작했습니다. 언론의 그러한 논조는 사실에 기반했을 수도 있고, 언론의 희망 사항일 수도 있습니다. 저는 후자 쪽에 무게를 두고 이 글을 썼습니다.

언론이 또 삼류 소설 쓰기를 시작합니다. 내란 우두머리 혐의로 형사 재판을 받고 있는 피고인 윤석열에 대한 법원의 구속 취소 결정과 빛의 속도로 내린 검찰의 즉시항고 포기로 많은 사람들이 혼란스러워하고 있습니다. 이 틈을 비집고 언론은 '피청구인 윤석열에 대한 탄핵 심판이 제대로 진행되겠는가?'라는 의문을 던지면서, 그러한 의문 제기가 탄핵 심판의 진행에 균열을 가하기를 기대할 수도 있습니다. 그러한 기대가 사실이라면 그것은 한낱 망상에 불과합니다.

　탄핵 심판과 내란죄 우두머리에 대한 형사 재판은 전혀 별개입니다. 탄핵 심판은 헌법의 거울로 '대통령 파면 사유의 존재 여부'를 재단(裁斷)하는 것이고, 내란죄 형사 재판은 형법의 거울로 '내란죄 우두머리 혐의의 존재 여부'를 재단하는 것입니다.

　헌법재판소의 피청구인 대통령 윤석열에 대한 파면 결정의 예측 가능성은 99%입니다. 아무 걱정하지 말고 대한민국의 헌법과 민주주의와 법치 국가 부활의 날과 시간을 기다리시면 됩니다.

　내란죄 우두머리 혐의를 받고 있는 피고인 윤석열에 대한 법정 구속의 가능성은 재판 기간 내내 열려 있습니다. 1) 재판장이 피고인의 증거 인멸 또는 도주의 우려를 이유로 재판 도중 법정 구속할 수 있습니다. 2) 재판장이 유죄 판결을 선고하면서 법정 구속할 수 있는 가능성은 99%입니다. 법정 구속에 검찰이 관여하거나 이의를 제기할 수 있는 권한은 없습니다.

덧붙여

　저는 그 판사의 구속 취소 결정에 대한 판단을 유보하고 있습니다. 내란죄 우두머리 혐의로 형사 재판을 받고 있는 피고인의 변호인들이 일단 기간 계산을 문제 삼고 나왔거든요. 그 변호인들은 심급(審級)마다 이 부분을 집요하게 파고들 개연성도 있었고요.

판사는 사건의 실체에 대한 판단, 즉 내란죄 우두머리라는 사실에 대한 확정은 모두 끝났는데, 구속 기간 계산에 잘못이 있었다는 판단이 내려지게 되면 실체 판단 부분에 대해서도 위법이라는 판단이 내려질 수 있다는 우려를 했을 수 있습니다.

'미란다 원칙'에 대해서 들어 보셨을 겁니다. 1966년 6월 13일 미국연방대법원이 세운 원칙입니다. 범죄 피의자를 체포할 때 먼저 몇 가지 사항을 고지하라는 것인데요. 묵비권을 행사할 수 있다는 것, 당신의 모든 발언은 법정에서 당신에게 불리하게 사용될 수 있고 사용될 것이라는 것, 변호인의 조력을 받을 권리가 있다는 것을 미리 말한 후에 체포해야 한다는 것입니다.

성폭행범이었던 에르네스토 미란다(Ernesto Miranda)는 범죄 사실을 자백했고, 범죄 사실에 대한 물증이 있었음에도 불구하고 무죄 판결을 선고받았습니다. 심문 과정에서 불리한 증언을 하지 않아도 될 권리와 변호사 조력을 받을 권리를 침해당했다는 것이 무죄 판결의 이유였습니다. 절차 위반이 실체 판단에 영향을 준 사례입니다.

1987년 1월 14일에 발생한 박종철 열사 고문치사 사건도 미란다 원칙을 위반한 사건이었습니다. 그 당시 우리나라 「형사소송법」에 이미 이에 관한 규정이 있었지만, 수사 실무의 관행은 이 규정을 철저히 무시했습니다. 그 뒤 1987년에 헌법 개정을 하면서 헌법 제12조 제4항과 제5항에 이 원칙을 명시했습니다.

이번에 구속 취소 결정을 내린 판사의 경우 취소 결정 이후의 단계를 너무 순진하게 예측하지 않았나 하는 아쉬움이 남습니다. 아마 검찰이 당연히 즉시 항고를 할 것이라고 계산했을 가능성도 있겠지요.

지금까지 법원이 구속 기간을 계산할 때 '시간'이 아니라 '날'을 기준으로 계산해 왔는데, 그 기준을 갑자기 바꿀 때 발생하는 혼란과 일사불란하게 움직이는 검찰의 생리를 간과하지 않았나 하는 생각도 듭니다.

그럼에도 불구하고 현재의 1심 재판부는 물론이고 상급심의 재판에서도 피고인 윤석열에 대한 또 다른 구속 사유가 발생할 수 있고, 그때는 다시 구속할 수 있습니다. 재판장의 법정 구속 명령에는 검찰이 개입할 여지가 없습니다. 1심에서 유죄 판결을 받는 경우 당연히 법정 구속이 따라붙을 것입니다.

또 하나, 피고인 측이 불법 구속을 이유로 구속 취소를 요구하거나 무죄 판결을 주장할 소지(素地)도 사라졌습니다. 국민의 입장에서도 검찰 조직의 작동 원리가 어떤 것인지 생생하게 학습하는 기회가 되었을 것입니다.

정치인의 말

정치인들의 입에는 휴식의 순간이 없어야 합니다. 그들은 계속 입을 벌려야 하고, 의미가 있든 없든 뭔가 말을 해야 합니다. 헌법재판소의 결정에 승복하겠다, 승복해야 한다는 말도 그래서 나온 것입니다. 그 과정에서 정치인들은 국민이 판단해야 할 몫을 빼앗아가기도 합니다.

대통령 윤석열 탄핵 심판 청구에 대한 헌법재판소의 결정이 예상보다 늦어지고 있습니다. 이와 관련해 정치인들은 하루가 멀다 하고 말을 쏟아냅니다. 아무짝에도 쓸모없는 탄원서 들이밀기도 서슴지 않습니다. 가장 최근에는 헌법재판소의 탄핵 심판 결정(인용 결정, 기각 결정)에 "승복하겠다. 승복한다고 선언하자."라는 말이 정치인들의 입에서 줄줄이 나오고 있습니다.

그들이 오해하는 것이 있습니다. 그 오해는 헌법에 대한 오해입니다. 헌법의 국민 주권 원칙에 따라 헌법재판소의 대통령 탄핵 심판 청구의 인용 결정이나 기각 결정에 대한 승복 판단은 정치인이나 정치 지도자들의 몫이 아니라 주권자인 국민의 몫입니다. 정치인, 특히 정치 지도자들은 지금 당장 그렇게 말함으로써 자신이 대단한 결단력이나 정치력을 가진 것으로 비치지 않을까 하는 기대를 할지도 모릅니다. 그들의 정치적 기대와는 달리 많은 사람들은 그들의 그러한 수준의 언설(言說)에 냉소합니다. 그들의 그러한 말은 밀란 쿤데라(Milan Kundera)의 언어를 빌려 말한다면 "참을 수 없는 존재의 가벼움 (unbearable lightness of being)"입니다.

이 시기에는 다음과 같이 말해야 합니다.

대통령 윤석열 탄핵 심판 청구 사건에 대한 헌법재판소의 선고가 늦어지고 있다, 사건의 규모가 크고 그에 따른 증인과 증거들이 워낙 많기 때문에 그에 대한 정확한 판단을 하는 데 많은 어려움이 있다는 것을 알고 있다, 그렇다 하더라도 결정 선고가 지나치게 늦어지는 것은 바람직하지 않다, "장고(長考) 끝에 악수(惡手) 둔다."라는 격언이 있지 않느냐, 장고에는 항상 위험이 따른다, 헌법재판소 건물 인근에서 거주하거나 영업을 하는 시민들이 겪어야 하는 생활과 사업상의 고통 및 손해·손실이 장기화되고 있다는 데 주목하라, 헌법 재판은 국민의 삶의 안정성을 보호하는 국가 작용이어야 한다, 우리는 대한민국의 국가 이성(Staatsräson)을 믿는다, 헌법재판소의 결정은 국가 이성의 틀에서 조금이라도 벗어나서는 안 된다.

헌법재판소의 결정? 판결?

우리는 '왜 사건의 실체에 대한 법원의 판단에는 판결이라는 용어를 쓰고, 헌법재판소의 판단에 대해서는 결정이라는 용어를 사용할까?'라는 의문을 품어 봐야 합니다. 그에 대한 사람들의 이해를 도우면서 법적 대안을 제시하는 글입니다.

헌법재판소는 헌법 재판을 하는 국가 기관입니다. 헌법재판소가 위헌 법률 심판, 탄핵 심판, 위헌 정당 해산 심판 등의 청구를 접수하고 청구 사건에 대해 종국적으로 실체 판단을 할 경우, 그 명칭을 '결정'이라고 부르고 있습니다.

법원은 민사 소송, 형사 소송, 행정 소송, 특허 소송 등이 제기되면 증인 신문·심문과 증거 조사 등을 거쳐서 최종적으로 사건의 실체에 대한 판단을 내리는데, 이 경우의 명칭을 '판결'이라고 합니다.

이번에 검찰총장이 1회용 스퀴즈 번트로 써먹었던 법원의 구속 취소 결정에 대한 즉시 항고 포기의 경우, 법원의 구속 취소 '결정'은 내란 우두머리 재판의 실체(유죄 또는 무죄)에 대한 재판이 아니기 때문에 구속 취소 '결정'이라고 부릅니다.

어딘지 좀 이상하지 않습니까? 왜 똑같이 사건의 실체에 대한 판단을 하는데 헌법재판소의 실체 판단에는 '결정'이라는 이름을 붙이고, 법원의 실체 판단에는 '판결'이라는 명칭을 붙일까요?

이유는 매우 간단합니다. 헌법은 이 부분에 관해서 직접 규정하지 않고 법률에 유보했습니다. 그 유보를 받아 제정된 법률이 「헌법재판소법」입니다. 국회가 「헌법재판소법」을 제정하면서 판결이라는 용어가 아니라 결정이라는 용어를 적어 넣은 것입니다.

현행 「헌법재판소법」의 최초 시행일은 1998년 9월 1일입니다. 바로 그때부터 이 '결정'이라는 용어를 사용해 왔습니다. 여러 가지 정황으로 미뤄볼 때, 국회가 이 부분을 판단할 전문성도 부족할뿐더러 헌법재판소는 '헌법 재판'을 하고 법원은 '일반 재판'을 하니까 사건의 실체 판단에 붙이는 이름을 달리 규정해야겠다는 정도의 생각을 했음 직합니다.

우리나라 헌법재판소가 헌법 재판을 할 때 가장 많이 참고하는 것이 독일연방헌법재판소의 판례일 겁니다. 「독일연방헌법재판소법」은 이 부분과 관련해 뭐라고 규정해 놓았을까요?

「독일연방헌법재판소법」 제25조 제2항에 규정되어 있습니다. 이 조항은 구두 심리를 기준으로, 구두 심리를 거쳐서(auf Grund mündlicher Verhandlung) 나오는 재판에는 '판결(Urteil)'이라는 명칭을 붙이고, 구두 심리 없이(ohne mündliche Verhandlung) 나오는 재판에는 '결정(Beschluß)'이라는 명칭을 붙이고 있습니다.

입법론적으로 볼 때 국회가 「헌법재판소법」을 개정해 법원의 재판과 마찬가지로 헌법재판소의 재판에 대해서도 판결, 결정, 명령의 형식으로 구분해 주는 게 맞습니다.

이 부분에 대한 법률적 정리가 명확히 되어 있지 않기 때문에, 언론도 결정이라고 써야 할지 아니면 판결이라고 써야 할지 혼란을 일으키면서 그때그때 편의상 결정 또는 판결로 쓰고 있습니다. 참고로 헌법재판소는 해마다 그해의 중요한 결정들을 몇 권의 책으로 만들어 편찬하고 있는데, 그 이름을 ('헌법재판소 결정례집'이 아니라) 『헌법재판소 판례집』이라고 쓰고 있습니다.

국회는 최상목 권한 대행에 대한 탄핵 소추를 신속히 추진해야 합니다

제가 우려했던 대로 헌법재판소가 국회 선출 헌법재판관 후보자 1인을 헌법재판관으로 임명하지 않는 최상목 대통령 권한 대행의 임명 부작위는 헌법 위반이자 법률 위반이라는 결정을 선고했음에도 불구하고, 최상목은 계속 임명 부작위를 저지르고 있었습니다. 저는 그에 대한 국회의 발 빠른 대처를 주문하는 글을 썼습니다.

2월 27일 헌법재판소는 국회가 선출한 헌법재판관 후보자를 임명하지 않는 최상목 권한 대행의 부작위가 국회의 헌법재판관 후보자 선출권을 침해한다는 결정을 선고했습니다. 그때부터 보름이 넘도록 최상목 권한 대행은 헌법재판관 임명을 뭉개고 있습니다. 이는 입법 기관인 국회의 권한을 무시하면서 동시에 헌법재판소의 권한을 침해하는 행위입니다. 헌법재판소의 권한을 침해하는 행위를 더 구체적으로 표현하면 그것은 헌법재판소의 구성을 방해하는 행위이고, 헌법재판소의 재판권을 무력하게 하는 행위입니다.

그의 이러한 행위는 헌법 제65조 제1항이 규정하고 있는 탄핵 소추 사유에 해당합니다. 국회는 최상목 권한 대행을 탄핵 소추해서 헌법재판소에 탄핵 심판 청구를 해야 합니다. 답안지를 많이 채운다고 해서 좋은 답안지라는 평가를 받거나 높은 점수를 받는 건 아닙니다. 탄핵 심판 청구서는 최대한 간결하게 쓰는 게 좋습니다. 헌법재판관들이 눈의 피로감을 느끼지 않고 한 호흡으로 쉽게 읽을 수 있도록 쓰는 게 바람직합니다.

그는 헌법재판소의 파면 결정을 피하기 위해 다음 주 초에라도 서둘러 헌법재판관을 임명할 수 있습니다. 말 그대로 '최상목스럽게' 처신할 수도 있습니다. 형법상의 범죄 행위에 미수범과 기수범(旣遂犯)이 있는 것처럼, 최상목의 헌법 위반과 법률 위반은 그 행위가 '이미' 완성되었습니다. 국회는 헌법재판소가 헌법적 권위를 세울 수 있는 기회를 만들어야 합니다. 그 시점은 헌법재판소가 대통령 윤석열에 대한 파면 결정을 내린 직후입니다.

각하와 기각

헌법재판소의 결정이 늦어지면서 항간에서는 대통령 탄핵 심판 청구가 각하 또는 기각될 것이라는 말이 나오기 시작했습니다. 그러한 말을 듣는 사람들은 '도대체 각하는 뭐고, 기각은 뭐야'라는 의문을 품게 되었고, 저는 그러한 의문을 풀어 줄 필요를 느꼈습니다.

12·3 비상계엄 선포로 많은 사람들이 원하든 원하지 않든 헌법과 법률에 대한 궁금증을 품게 되었고, 그 과정에서 자연스럽게 헌법 공부와 법률 공부를 하고 있습니다. 이러한 공부에 따르는 것이 '이건 뭐지?'라는 의문이고, 대통령 윤석열에 대한 헌법재판소의 탄핵 심판과 관련해 사람들은 '각하는 뭐고, 기각은 뭐야?'라며 고개를 갸웃거립니다.

　각하(却下)는 탄핵 심판 청구의 요건을 갖추지 않았을

때 내리는 결정입니다. 탄핵 심판 청구의 경우 '아무나' 청구할 수 있는 게 아니라 '국회만' 청구할 수 있습니다(헌법 제65조 제1항). 만약 '국회'가 아니라 '정당'이 청구하면 청구의 요건을 갖추지 못했다는 이유로 각하 결정이 내려집니다. 국회가 청구하는 경우에도 거쳐야 하는 절차가 있습니다. 대통령에 대한 탄핵 심판을 청구하기 위해서는 국회 재적 의원 과반수의 발의와 국회 재적 의원 3분의 2 이상의 찬성이 있어야 합니다(헌법 제65조 제2항 단서). 또한 탄핵 심판 청구의 대상을 정확히 선별해야 합니다(헌법 제65조 제1항). 대통령은 전혀 개입하지 않은 상태에서 국방부 장관이 몇 개의 사단 병력을 동원해 국회 장악을 시도했는데 국회가 대통령에 대한 탄핵 소추안을 의결한 후 헌법재판소에 탄핵 심판 청구를 했다면, 그것은 청구의 요건을 갖추지 못한 것입니다. 즉, 각하 결정은 사건의 실체(實體) 내지는 본안(本案)에 대해서는 살펴볼 필요가 없을 때 내리게 됩니다.

기각(棄却)은 탄핵 심판 청구가 그 요건을 갖춘 경우, 청구의 '이유'가 없을 때 내리는 결정입니다. 헌법 위반이나 법률 위반의 실체가 전혀 없거나, 헌법 위반이나 법률 위반은 존재하지만 위반의 정도가 "더 이상 공직 수행을 위임할 수 없을 정도로 중대한 헌법 위반 또는 중

대한 법률 위반"이라고 볼 수 없을 경우에 내리는 결정입니다.

헌법재판소가 감사원장, 서울중앙지검장과 두 명의 검사에게 선고한 결정이 탄핵 심판 청구 '기각' 결정입니다. 이 4명의 사건에서 헌법재판소는 재판관 8명 전원 일치의 의견으로 기각 결정을 내렸습니다. 직무 수행과 관련해 헌법 위반과 법률 위반을 했지만, 그 위반이 '중대'하지는 않았다고 본 것입니다.

대통령 윤석열 탄핵 심판 청구 사건에서 헌법재판소가 (청구의 요건을 갖추지 못했다는 이유로) 각하 결정을 선고하거나 (청구의 사유가 파면 결정에 이를 정도는 아니라는 이유로) 기각 결정을 선고할 가능성은 제로입니다.

사정이 이러한데도 자꾸 다른 말을 하는 사람들에게 딱 들어맞는 말은 개그맨 이세진의 유행어 "장난 나랑 지금 하냐?"입니다.

AI와 탄핵 심판

대통령 윤석열에 대한 탄핵 사유가 매우 명백함에도 헌법재판소의 결정은 끝도 없이 늦어지고 있었습니다. '그 이유는 무엇일까?' 궁금해 하던 저는 혹시 '절차 문제로 헌법재판관들 사이에 이견이 있는 건가?'라는 생각을 하면서 절차 문제라면 차라리 AI를 활용해 보라는 진지한 권고를 했습니다.

대통령 윤석열에 대한 헌법재판소의 심판 절차가 개시된 시점부터 저는 한 점의 의문도 없이 헌법재판소가 파면 결정을 선고하는 때를 3월 14일(금)까지로 봤습니다. 혼자서만 그렇게 생각한 게 아니라 페이스북에서도 그렇게 말했습니다. 저의 호언장담은 보기 좋게 무너졌습니다. 그날부터 궁금증이 생겼습니다.

　대통령이 정치 문제를 무력으로 해결하려 했던 점, 비

상계엄을 선포하더라도 국회의 권한에는 특별한 조치를 할 수 없는데(헌법 제77조 제3항~제5항) 국회를 점령하고 국회의 회의를 막으려고 했다는 점, 포고령 1호는 헌법과 계엄법이 규정하는 비상계엄의 요건을 충족하지 못했을 뿐만 아니라 그 한계를 명백히 벗어났다는 점, 국회의 탄핵 소추안 의결로 대통령 권한의 행사가 정지되었는데도 법원이 발부한 구속 영장 집행을 지속적으로 방해했다는 점 등등 파면 결정의 실체적 요건을 채운 사유가 포화 상태여서 대통령 파면 결정의 실체적 요건 충족에는 다툼의 여지가 없었습니다.

다음의 문제는 절차 문제에 대한 판단입니다. 국회 본회의의 의결, 의결 시 의결 정족수 계산, 청구인을 국회로 하는 것, 재판부가 증인이나 증거 채택을 결정한 증인의 증언이나 증거에 대한 판단을 빠뜨리지 않고 한 것 등등에 대해 재판관들의 의견이 부분적으로 갈릴 수는 있습니다.

만약 절차 문제에 대해 재판관들 사이에 이견이 있다면, 그 문제는 AI(artificial intelligence)의 도움을 받아 해결할 수 있습니다. AI가 결정하도록 하는 게 아니라 절차 문제가 실재하는지, 실재한다면 어떤 방식으로 해결하는 것이 답인지에 대해 AI에게 의뢰하라는 것입니다. 헌법재판관이나 법관의 재판에 AI가 도입되는 것은 시간문제입니다. 바로 눈앞에 와 있습니다. 헌법재판관이나 법관이 의지하는 인간 지능(human intelligence)에는 언제나 오류 가능성이 열려 있고, 실제로 그런 사례들이 적지 않습니다. 헌법재판관이나 법관은 사건에 대한 재판을 하면서 편파성이나 감정을 실을 수 있지만, AI는 판단하는 데 편파성이나 감정 개입의 여지를 전혀 두지 않습니다. 절차 문제에 대한 판단을 AI에게 구하면, AI는 5분 이내로 재판관들에게 답이나 해결의 열쇠를 줄 것입니다.

저도 교육감 시절 숱한 형사 재판을 받으면서 느꼈던 게 있습니다. '아! 저 재판장은 나를 잡으러 들어왔구나.'라는 느낌을 받은 경우도 있었는데, 불행한 예감이 현실이 될 개연성은 매우 높습니다.

정리해서 말합니다. 헌법재판관들은 재판관으로서의 자존감이나 자존심은 일단 유보하고, 바로 AI의 조력을 받으십시오. 독일 등 다른 나라 헌법재판소의 판례가 필요합니까? 어차피 그런 판례들을 직접 읽을 수는 없을 테고, 헌법재판소 내 연구 인력의 도움을 받는 데도 한계와 불완전성이 있을 겁니다. AI의 조력을 받는 것이 답입니다.

국민들의 일상이 피폐의 극에 달하고 있습니다. 심지

어 공연 예술도 심각한 타격을 입고 있습니다. 자영업은 공황 상태로 치닫고 있습니다. 헌법재판소 주변에 거주하고 있는 주민들은 일상의 평화가 무너졌습니다. 시간이 흐를수록 국민 사이의 감정 대립은 더욱 격화됩니다. 학생들이 시험을 치를 때 제한 시간을 둡니다. 재판관들께서 통과한 사법시험 1, 2차와 면접 시험에도 시간제한이 있었습니다.

이제 끝내십시오!

탄핵 각하 또는 기각 결정은 헌법 제65조(탄핵 조항)를 '사실상' 폐지하는 것

비상계엄을 수단으로 자신의 정치적 망상을 실현하고자 했던 대통령 윤석열에 대해 헌법재판소가 탄핵 각하 또는 탄핵 기각 결정을 하는 경우, 그러한 결정이 헌법상 어떠한 평가를 받게 되는지 말하고 싶었습니다.

대통령 윤석열 탄핵 심판 청구에 대한 헌법재판소의 결정 선고가 하세월(何歲月) 늘어지면서 국민들은 지쳐 가고 있습니다. 아울러 혹시라도 청구 각하 또는 기각 결정이 선고되면서 윤석열이 대통령직에 복귀하지 않을까 두려워하는 사람들이 많아지고 있습니다.

저는 여전히 각하 또는 기각 결정이 내려질 개연성은 1도 없다고 단언하고 있습니다. 저의 단언과는 반대로, 헌법재판소가 탄핵 각하 또는 기각 결정을 내리는 경우,

그것은 헌법재판소의 결정을 넘어서서 헌법이 규정하는 탄핵 조항(헌법 제65조)을 '사실상 폐지'하는 결과를 초래하게 될 것입니다.

  그것은 헌법 개정과 관련한 어떠한 권한도 없는 헌법재판소가 헌법을 개정하는 '헌법 질서 유린 행위'를 하게 되는 것입니다.

헌법재판소의 결정이 대한민국의 붕괴를 초래해서는 안 됩니다

헌법재판소의 결정 선고가 계속 지연되면서 저는 대통령 파면 결정에 대한 헌법재판관들의 의견 일치가 어려워지고 있다는 의심을 하기 시작했습니다. '절대로 그런 일이 발생해서는 안 된다.'라는 절박한 심정으로 헌법재판관들을 압박하는 글을 썼습니다.

헌법재판소가 대통령 윤석열에 대한 탄핵 심판 청구 사건에서 각하 결정이나 기각 결정을 선고할 가능성은 1%도 없습니다. 저의 이런 판단은 헌법재판관들에 대한 신뢰가 아니라 1919년 4월 11일에 제정되었고, 현행 헌법이 전문에서 "대한민국 임시정부의 법통을 계승"한다고 선언한 헌법 전문(前文)과 현행 헌법 질서에 대한 신뢰에서 비롯되는 것입니다.

착각하면 안 됩니다. 탄핵 심판과 형사 재판은 '본질적으로' 다릅니다. 본질적으로 다르기 때문에, 탄핵 심판을 형사 재판식으로 다루면 안 됩니다. 형사 재판은 범죄자 개인과 국가 형벌권의 관계를 판단하는 것입니다. 대통령에 대한 탄핵 심판은 대통령이라는 국가 최고위 공직자와 헌법 질서의 관계를 판단하는 것입니다.

사정이 이러한데도 만에 하나 헌법재판소가 각하 결정이나 기각 결정을 선고한다면, 그것은 국제 사회에 대한민국은 붕괴되었다는 선언을, 표현을 달리하면 대한민국은 더는 국가가 아니라는 선언을 하는 것이나 마찬가지입니다.

덧붙여

자칭 타칭 전문가라는 사람들이 매스컴에 나와서 다른 국가들의 탄핵 제도에 대한 언급을 하고 있더군요. 그들이 알고 있는 지식은 거의 대부분 조각 지식입니다.

미국 연방에서는 탄핵 소추를 연방 하원이 하고, 탄핵 심판은 연방 상원이 합니다. 연방 하원과 연방 상원 모두 재판 기관 또는 헌법 재판 기관이 아닙니다. 미국에서 국민의 기본권 침해 등과 관련한 헌법 재판은 연방대법원(Federal Supreme Court)이 합니다.

며칠 전 어느 헌법 전문가라는 사람이 TV에 나와서 미국에서는 대통령을 탄핵한 적이 한 번도 없었다고 말하던데요. 그건 잘 모르고 하는 얘기입니다. 미국 연방 대통령 리처드 닉슨(Richard Nixon)은 워싱턴 워터게이트 빌딩 내에 있는 민주당 전국위원회 사무실에 도청 장치를 설치하였다가 적발된 워터게이트 스캔들(Watergate scandal)로 정치적 위기에 빠졌습니다. 이후 연방 하원이 리처드 닉슨 탄핵 소추안을 의결했고, 상원으로 넘어가자 1974년 8월 8일 닉슨은 하야(resignation)했습니다. 탄핵 심판의 압박이 대통령직 사퇴를 가져온 것입니다. '사실상' 탄핵당한 것이지요.

만약 우리나라에서 이런 일이 발생해 국회가 탄핵 소추안을 의결한 후 헌법재판소에 탄핵 심판 청구를 한다면 어떤 결과가 나올까요? 우리나라 헌법재판소는 100번이라도 '탄핵 기각 결정'을 내릴 겁니다.

이유는 뭘까요? 우리나라 헌법재판관들은 탄핵 심판과 형사 재판의 본질적 차이를 정확히 모르고 있기 때문입니다. 미국 헌법의 아버지들(Fathers of the United States Constitution)은 대통령 탄핵 심판과 같은 중대한 사건에 대한 판단은 직업 법관들의 편협한 시각과 판단에 맡길 것이 아니라, 미국 연방 전체와 50개 주 각각을 대표하는 연방 하원 의원들과 연방 상원 의원들의 포괄적인 헌법

적·정치적 판단에 맡기는 것이 '헌법 정신'에 맞다는 판
단을 내렸을 수도 있습니다.

헌법재판관들은 대한민국 헌법 질서에 발생한 대형 화재에 기름을 끼얹고 있습니다

대통령 윤석열 탄핵 심판 청구에 대한 헌법재판소의 결정 선고가 국민의 예상보다 훨씬 더 늦어지면서 혼란이 더욱 커지고 있었습니다. 헌법재판관들에 대한 경고의 의미를 갖는 글을 써야겠다는 판단을 했습니다.

2024년 12월 3일 대통령 윤석열은 비상계엄을 선포했고, 국회 본회의는 즉시 비상 계엄 해제 요구안을 통과시켰습니다. 이어서 대통령 윤석열은 자신이 내린 비상계엄을 해제했습니다. 2024년 12월 14일 국회는 대통령 윤석열 탄핵 소추안을 의결한 후, 헌법재판소에 탄핵 심판을 청구했습니다. 그때부터 기산(起算)해 오늘이 92일째입니다.

　헌법재판소는 공식 의견으로 대통령 탄핵 심판을 최우선적으로 처리하겠다고 밝혔지만, 그 공식 의견은 헌법재판소 스스로 지키지 않았습니다. 헌법재판소는 '그날'이 언제일지 판단할 수 있는 최소한의 단초도 내놓지 않고 있습니다.

내란 우두머리죄와 외환유치죄로 형사 재판에 회부된 윤석열에 대한 형사 재판의 정식 재판은 4월에 시작합니다. 그 사이 법원은 윤석열 구속이 '구속 기간'을 지난 시점이어서 불법이라는 이유로 윤석열을 석방했습니다. 당연히 즉시 항고를 해야 했던 검찰은 검찰총장 심우정의 지시를 받아 즉시 항고를 하지 않았습니다.

자유의 몸이 되어 관저에 머물러 있는 윤석열은 마치 승자라도 되는 듯이 '사실상' 대통령의 권한을 행사하고 있습니다. 국회의 탄핵 소추 의결을 정면으로 무시하고 있는 것입니다. 정확히 말하자면 그는 '또 하나의' 내란을 기도하고 있는지도 모를 일입니다.

대통령 윤석열 탄핵 심판 사건에서 중요한 판단은, 그가 선포한 비상계엄이 실체적 요건을 갖췄는지 그리고 국회의 윤석열에 대한 탄핵 소추 의결과 헌법재판소에의 탄핵 심판 청구가 절차적 요건을 갖췄는지에 관한 것입니다. 비상계엄의 실체적 요건을 갖췄는지 여부는 윤석열 파면 결정의 실체적 요건이 존재하는지 여부로 연결됩니다.

탄핵 심판의 실체적 요건에 대해서는 헌법 제77조 제1항이 해석의 여지가 없을 정도로 명확하게 규정하고 있습니다. "전시·사변 또는 이에 준하는 국가비상사태"가 아니었는데도 대통령 윤석열이 비상계엄을 선포했는지 여부를 판단하면 되는 것입니다. 윤석열 파면 결정의 실체적 요건은 명확히 충족되어 있습니다.

윤석열 탄핵 심판 청구에 이르는 절차적 요건에 하자가 있었는지도 확인해야 합니다. 국회는 본회의를 열어 국회 재적 의원 과반수의 발의와 국회 재적 의원 3분의 2 이상의 찬성으로 탄핵 소추안을 의결해서 헌법재판소에 탄핵 심판을 청구했습니다.

아무리 대통령 파면 사유가 명백하다 하더라도, 헌법재판소는 탄핵 심판을 충실히 해야 하고, 결정에 이르는 논증(Begründung, reasoning)도 정확히 해야 합니다.

헌법재판관들은 언제까지 심리를 계속해야 할까요? 파면 사유의 존재에 대한 심증이 형성될 때까지 해야 하고, 그것으로 충분합니다. 이와는 달리 헌법재판관들은 마치 형사 재판을 진행하듯이 탄핵 심판 절차를 이어 왔습니다. 그 과정에서 산더미 같은 증언과 증거들이 쌓이게 되었습니다. 헌법재판관들 스스로 직무 수행의 과부하를 초래한 상황입니다

이 지점에서 헌법재판관들에게 묻고 싶은 게 있습니다. 그것은 "탄핵 심판과 형사 재판의 본질적 차이는 무엇인가?"라는 물음입니다. 탄핵 심판을 비롯한 헌법 재판의 목적이 있습니다. 그것은 '객관적 헌법 질서를 수호·유지'하고 '국민의 주관적 기본권을 보호'하는 것입니다. 탄핵 심판은 형사 재판과 달리 사건 종결의 신속성을 요구합니다. 와해되어 버린 객관적 헌법 질서를 신속하게 회복시켜야 하고, 여전히 위험 상태에 빠져 있는 국민의 기본권에 대한 장애물을 제거해야 합니다.

2024년 12월 3일 이후 대한민국의 헌법 질서는 화염에 휩싸여 있습니다. 소방수 역할을 해야 할 헌법재판관들은 수수방관하는 정도를 넘어서 거기에 기름을 끼얹고 있습니다. 노동법 용어를 빌리면 헌법재판관들은 '사보타주(savotage, 태업)'를 하고 있습니다. 이런 사태의 원인이 헌법재판관들의 헌법 전문성 부족에서 비롯되는 것이라면, 지체 없이 외부 헌법 전문가들의 조력을 받아야 합니다.

만약 헌법재판소가 대통령 윤석열에 대한 파면 결정을 선고하지 않는다면, 그 다음의 헌법적 수순은 국민이 저항권을 행사하는 것입니다. 우리나라 헌법사(憲法史)는 이미 국민 저항권 행사의 역사를 기록하고 있습니다.

1960년 4월 19일 4·19 혁명

1980년 5월 18일 5·18 민주화운동

1987년 6월 10일 6·10 민주항쟁

　올해 2025년은 일제가 조선을 상대로 강압적으로 을사늑약(乙巳勒約)을 체결한 지 120년이 되는 해입니다. 우리의 역사는 일신의 영달과 권력 유지를 위해 일제에 나라를 팔아먹은 '을사오적(乙巳五賊)'을 기억하고 있습니다. 2025년이 제2의 을사오적(정확하게는 '을사팔적')이 등장하는 해가 되어서는 절대로 안 됩니다.

보궐 선거와 재선거

4월 3일 전국 몇 개 지역이 보궐 선거와 재선거를 앞두고 있었습니다. 특정 지역의 교육감 재선거를 앞두고 특정 정당이 선거에 개입하고 있다면서 다른 특정 정당 소속의 국회의원들이 비판하는 기자 회견을 하고 있었습니다. 그 국회의원들은 보궐 선거와 재선거를 구분하지 못하고, 교육감 '보궐 선거'라고 말했습니다.

우리나라 정당들은 당내에 법률팀을 따로 두고 있지 않나요? 어쩌면 그렇게도 법 관련 용어 사용에서 오류가 많이 나오는지 이해할 수 없을 정도입니다. 우리나라 정당들처럼 국회의원들 중 법조인이 차지하는 비율이 높은 나라도 드물 건데, 그분들이 당내에서 '특별히' 하는 역할이 무엇인지 아리송할 때도 적지 않습니다. 조금 전 영상을 통해서 어느 정당의 국회의원 여러 명이 국회 출입 기자들 앞에서 성명서를 읽는 것을 보았습니다.

어느 국회의원의 입에서 "00 000 보궐 선거와 관련하여…."라는 말이 나와서 저는 '저게 아닌데.'라는 생각을 하며 깜짝 놀랐습니다. 이 경우에는 '보궐 선거'가 아니라 '재선거'라고 말했어야 합니다. 보궐 선거는 사망·사퇴·법원의 판결 등으로 자리가 비게 될 경우, 즉 궐위(闕位)될 경우에 그 자리를 채우는 선거를 가리킵니다. 이 경우 보궐 선거에서 당선되어 그 자리를 채우는 사람은 '전임자의 후임자'가 됩니다.

재선거는 「공직선거법」 위반으로 법원에서 당선 무효의 확정 판결을 받은 경우에 치러지는 선거를 말합니다. '재선거'는 '다시 하는 선거'이고, 당선 무효의 효과는 '미래를 향해' 무효가 되는 게 아니라 '처음부터 당연히' 무효입니다. 당선 무효의 판결을 받은 사람은 '그 자리에 없었던 것'이 됩니다. 그 사람의 이름 자체가 지워지는 것입니다.

이 정도의 설명이라면 쉽게 이해할 수 있지 않을까요?

헌법재판관님들! 국민과 헌법에 충성하십시오

헌법재판관들에게 또다시 피청구인 대통령 윤석열을 파면하는 결정을 반드시 선고해야 한다는 글을 썼습니다. 그것도 헌법재판관 8인 전원 일치의 의견으로 결정해야 한다고 호소하는 글을 썼습니다. 글의 요지는 오로지 국민과 헌법만 바라보라는 것이었습니다.

2024년 12월 3일 대통령 윤석열의 비상계엄 선포, 12월 14일 대통령 윤석열에 대한 국회의 탄핵 소추안 의결에 이은 탄핵 심판 청구가 이루어질 때만 하더라도 저는 이르면 2025년 2월 말 늦어도 3월 초가 되면 헌법재판소가 8인 전원 일치 의견으로 "피청구인 대통령 윤석열을 파면한다."라는 결정을 선고할 것으로 예상하고 있었습니다.
  2024년 12월 3일을 기점으로 그에 이어진 윤석열의 일련의 행위가 헌법 제65조 제1항이 규정하고 있는 "직무 수행에 있어서 헌법이나 법률을 위배한 때"에 해당하고, 헌법재판소가 (노무현 대통령 탄핵 심판 사건과 박근혜 대통령 탄핵 심판 사건에서) 거듭 확인한 "더 이상 공직 수행을 위임할 수 없을 정도로 중대한 헌법 위반 또는 중대한 법률 위반"에 해당하기 때문입니다.

저의 이러한 전혀 특별할 것도 없는 당연한 예측은 3월 첫 주, 둘째 주를 지나면서 흔들리다가 이제는 산산이 부서지는 단계로 접어들었습니다. 저의 이러한 소박한 기대는 단순한 자연인 김승환 한 사람만의 기대가 아니라 대한민국의 주권자인 국민의 기대이고, 무엇보다도 대한민국 헌법의 기대였습니다. 헌법재판관들에 대한 국민의 정서는 기대 → 의문 → 실망 → 충격 → 분노로 변하고 있습니다.

그 과정에서 드러난 매우 중요한 사실 하나가 있습니다. 대한민국 헌법을 해석·적용하는 헌법적 임무의 수행, 구체적으로는 헌법 재판 수행의 위임을 받은 헌법재판관들이 헌법 전문가들은 아니라는 사실이 만천하에 드러난 것입니다. 그동안에는 헌법 전문가들만이 알고 있었는데, 이제는 정치인들은 물론이고 모든 국민들이 알게 되었습니다.

평생 헌법 연구, 헌법 논문 작성, 헌법 강의를 하다가 또는 단 한 편의 헌법 논문이라도 쓴 실적으로, 아니면 독일연방헌법재판소나 미국연방대법원의 기념비적인 헌법 판례 한 건이라도 처음부터 끝까지 정독해 본 후에 헌법재판관이 된 것이 아니라, 변호사나 검사 또는 판사의 직무를 수행하다가 어느 날 헌법재판관의 자리에 들어갔다는 매우 중대한 사실을 이제는 상당수의 국민들이 인지하게 되었습니다.

사실이 그렇다 하더라도 헌법재판소가 대통령 윤석열에 대해 파면 결정을 내려야 할 사유는 '너무나 명백'합니다. 헌법 전문가가 아니라 다른 법 영역의 전문가라 할지라도 하루의 시간만 주면 판단할 수 있는 사유입니다. 한글만 읽어도 파면 사유의 존재 여부를 판단할 수 있을 정도로 단순명료합니다. 이렇게도 간단한 문제를 앞에 두고 왜 헌법재판관들은 헌법 질서의 와해나 국민 삶의 악화에는 아랑곳하지 않고 차일피일 선고를 미루어 왔을까요?

8인의 헌법재판관들 의견이 일치를 보았으면 결론은 벌써 나왔을 것입니다. 다수 의견과 소수 의견으로 갈려 있다는 것 정도는 거의 확실합니다. 이 지점에서는 헌법 전문가들마저도 아래와 같은 의심을 하게 됩니다. '어떤 경로를 거쳐서 헌법재판관이 되었나? 자신을 헌법재판관으로 세워 준 사람이나 정치 세력이 따로 있었나? 그 자리에 들어가기 전 누군가에게 충성 선서라도 했나? 국민과 헌법이 중요하다는 걸 모르지는 않지만 자신에게 영광스러운 자리를 안겨 준 사람이나 정치 세력에 대한 충성을 우선해야 한다고 생각하는 것은 아닌가?'라는 의심을 품을 수밖에 없습니다. 저는 그러한 의심이 사실이 아니기를 진지하게 바라지만, 만의 하나라도 하는 마음에서 이런 말을 합니다.

헌법재판관님들! 국민과 헌법에 충성하십시오. 그것이 우리 모두가 사는 길입니다.

트럼프 대통령의 대선 3기 출마?

트럼프 미국 대통령의 입에서 자신이 대통령 선거 3선에 출마할 수도 있다는 말이 나왔습니다. 미국 연방 헌법의 해석상 대통령 3선은 불가능하지만, 저의 머릿속에는 이것이 남의 나라 일만은 아닐 수 있다는 우려가 떠올랐습니다. 우리나라 헌법 제128조 제2항은 "대통령의 임기연장 또는 중임변경을 위한 헌법개정은 그 헌법개정 제안 당시의 대통령에 대하여는 효력이 없다."라고 규정하고 있지만, 이 조항의 해석과 관련한 다툼의 소지가 존재하고 있기 때문입니다.

도널드 트럼프(Donald Trump) 미국 대통령이 3선에 도전하겠다는 자신의 말이 농담이 아니라고 말했다는 보도가 국내 뉴스에 뜨는 것을 보고, 『뉴욕 타임스(The New York Times)』로 들어가 기사 검색을 해 보았습니다.

내용은 이렇습니다. 트럼프 대통령은 2028년에 치르게 될 미국 대통령 선거에 출마한다, (미국연방헌법의 3선 금지 규정에도 불구하고) 3선에 출마하는 방법들이 있을 거라고 말했고, 자신은 농담을 하는 게 아니라고 말했다는 겁니다. 이 말은 트럼프 대통령이 엔비시 뉴스(NBC News)와의 인터뷰에서 한 말입니다.

『뉴욕 타임스』는 "제22차 헌법 개정*은 누구나 두 번의 임기를 초과해서 대통령으로 선출되는 것을 금지하고 있다(The 22nd Amendment prohibits a person from being elected to more than two terms as president)."라고 말하고 있습니다. 미국 연방 대통령의 임기는 4년이고, 한 차례 더 할 수 있습니다. 통산하면 중임(重任) 8년입니다.

미국 연방은 대통령과 부통령 러닝메이트제이기 때문에, 대통령직이 궐위되는 경우엔 부통령이 즉시 대통령 선서를 한 후 대통령직에 취임합니다. 그 임기는 직전 대통령의 잔여기간이고, 대통령 임기 계산에서 하나의

---

* 미국연방헌법이 사용하는 단어 "Amendment"의 정확한 의미는 '수정'하는 것(조문을 고치는 것)이 아니라 기존의 조문들 속에 새로운 조문을 덧붙여 보충하는 것이기 때문에 '증보(增補)'라고 번역하는 게 맞습니다. 굳이 '수정 헌법'이라고 말하는 것은 아무래도 수정 헌법을 뜻하는 일본의 용어 표현 'しゅうせいけんぽう(수정 헌법)'를 그대로 받아쓰고 있기 때문일 것입니다.

임기를 수행한 것으로 간주합니다.

존 에프 케네디(John F. Kennedy) 대통령이 암살당하고 부통령이던 린든 존슨(Lyndon B. Johnson)이 대통령직을 승계해 케네디 대통령의 잔여 임기를 채운 후, 재선에 성공해 4년 임기의 대통령직에 취임했습니다. 그의 대통령 재임 기간은 1963년부터 1968까지였습니다.

결론적으로 말하면 미국 연방 대통령은 두 번의 임기를 계속 수행하든 건너뛰어서 다시 한 번을 더 하든 통산 두 번을 할 수 있습니다. 이를 가리켜 "Two-Term Limit"라고 부릅니다.

미국연방헌법 "The 22nd Amendment"는 "누구든지 두 번을 초과해 대통령직에 선출되어서는 안 된다(No person shall be elected to the office of the president more thantwice)."라고 명확하게 규정하고 있습니다.

이런 규정을 모를 리가 없는 트럼프 대통령! 최소한 뉴스의 헤드라인에 자신의 이름이 올라가는 즐거움은 느낄 겁니다. 어쩌면 트럼프는 "The 22nd Amendment"의 의미를 '통산해' 중임 초과 금지가 아니라 '계속해' 중임 초과 금지라고 우길지도 모를 일입니다.

저항권의 행사와 보충성의 원칙

4월 1일 아침이 되면서 저는 설마 그럴 리는 없지만 대통령 윤석열 탄핵 심판에 대한 최악의 상황이 도래할 수도 있다고 우려하기 시작했습니다. 저는 한편으로는 헌법재판관들을 더 강하게 압박해야 한다는 각오를 하면서, 다른 한편으로는 최악의 상황이 발생하는 경우 국민을 향한 격문을 쓰는 심정으로 이 글을 썼습니다. (저의 이 글과 직접적 연관성은 없었겠지만) 이 글을 저의 페이스북에 올린 지 몇 시간 뒤에 헌법재판소의 공지가 나왔습니다. 4월 4일에 대통령 윤석열 탄핵 심판 결정을 선고한다는 공지였고, 그 순간 저는 '헌법재판관 8인 전원 일치의 의견으로 파면 결정이 나오는구나.'라며 안도했습니다.

학자들의 특징 중 하나가 관념적이고 사변적(思辨的)인 언어의 유희를 즐기는 것입니다. 그러한 언어가 동시대의

258

인간이나 국민의 삶에 어떠한 유익이나 해를 끼치는가는 중요하지 않습니다. 그들은 나만의 언어 또는 그들만의 언어를 즐기는 걸 자신들의 특권으로 여깁니다.

헌법학 논의에서 저항권이라는 용어가 있습니다. 헌법학 교과서들을 보면 '저항권은 자연법상의 권리이다, 실정 헌법으로는 인정되지 않는다, 설사 실정 헌법이 저항권을 인정하고 있다 하더라도 그것이 구체적으로 기본권으로서의 성격을 갖는지는 별개의 문제다'라는 식으로 기술되어 있습니다.

헌법 규범과 함께 헌법 현실이라는 것이 있습니다. 헌법 규범은 헌법 현실을 규율(제한과 형성)하는데, 양자 사이에는 어느 정도의 틈이 존재하며 또 그럴 수밖에 없습니다. 헌법학자들은 그 틈을 헌법 해석으로 메꿔 나갑니다.

저항권에 관한 헌법학자들의 해석이 어떠하든, 우리가 부인할 수 없는 사실은 대한민국의 헌법사에 세 차례 국민 저항권 행사 사례가 있었다는 겁니다. 1980년 4·19 혁명, 1980년 5·18 민주화운동, 1987년 6·10 민주항쟁이 그것입니다. 이 세 번의 저항권 행사 사례는 시민 불복종(civilian disobedience)이라는 협소한 이론으로는 설명될 수 없습니다. 그것은 주권자인 국민이 저항권을 행사한 것이었습니다.

앞서 얘기했듯이 저항권에 관한 가장 전형적인 헌법
례는 독일 기본법 제20조 제4항입니다. 제20조 제4항은
"이 질서를 배제하고자 기도하는 모든 자에 대하여 모든
독일인은, 다른 구제 수단이 가능하지 않은 경우, 저항권
을 가진다."라고 규정하고 있습니다.

이 조항의 해석에서 중요한 것이 "다른 구제 수단이
가능하지 않은 경우"라는 문구입니다. 그것은 저항권이
기본권 주체인 국민이 '원칙적으로' 행사하는 권리가 아
니라 '예외적으로' 행사하는 권리라는 의미를 담고 있습
니다. 이를 가리켜 '보충성의 원칙(Subsidiaritätsprinzip, principle of
subsidiarity)'이라고 말합니다. '최후의 수단(Ultima Ratio)'이라고
말하기도 합니다.

대통령 윤석열!

2024년 12월 3일 그는 비상계엄을 선포하고 국회 장
악을 시도했으며, 중앙선거관리위원회 서버를 접수하
고 "수거 대상"이라는 리스트를 만들어 정치인 등 자신
의 정적으로 간주할 만한 주요 인사들에 대한 처단을 시
도했습니다. 또한 정치 활동의 자유와 정당 활동의 자유
및 언론·출판·집회·결사의 자유에 대한 '특별한 조치'를
실행했습니다.

국회는 대통령의 이러한 행위가 헌법 제77조 제1항이 규정하고 있는 탄핵 소추 사유에 해당한다고 보아, 국회 재적 의원 3분의 2 이상의 찬성으로 탄핵 소추안을 의결한 후 2024년 12월 14일 헌법재판소에 대통령 윤석열 탄핵 심판 청구를 했습니다. 국회가 헌법재판소에 대통령 윤석열 탄핵 심판을 청구한 날부터 오늘까지 108일이 흐르고 있습니다.

대통령 박근혜 파면 사유와 비교할 때 대통령 윤석열을 파면시켜야 할 사유는 너무도 명백해서 다툼의 소지가 전혀 없습니다. 그 과정에서 많은 국민들이 알게 된 중요한 사실이 있습니다. 헌법 재판관들이 이 사건과 관련해 '헌법 재판', 더 구체적으로는 '탄핵 재판'을 하는 것이 아니라 자신의 정치적 지향성에 따른 '정치 재판'을 하고 있다는 것입니다.

사태가 이 정도에 이르면 국민은 다른 구제 수단이 가능하지 않다는 결단을 내릴 수밖에 없습니다. '다른 구제 수단'이란 저항권을 가리킵니다. 저항권 행사로 새로운 헌법 질서를 만들어 갈 때 최우선적으로 폐지해야 하는 헌법 기관은 헌법재판소입니다.

우리 헌법사에서 있었던 세 차례의 국민 저항권 행사에서 희생당한 존재는 민중이었고, 민중의 희생을 통해 나오는 정치적 과실은 모두 기존 보수 정당과 정상배들의 몫이었습니다. 이제는 그런 악순환을 철저히 끊어 내야 합니다.

덧붙여

작년 12월 4일부터 이곳에 글을 쓰기 시작했습니다. 주제는 비상계엄과 대통령 탄핵이었고. 처음부터 이런 글을 쓸 계획을 했던 것은 아닙니다. 날마다 전혀 새로운 헌법적 쟁점이 제기되는데, 아무도 말하는 사람은 없고, 누군가는 최소한의 단초가 될 만한 글은 써야 할 것 같아서 내가 쓰기 시작한 것입니다. 잘 아시겠지만, 그 글들은 헌법 교과서나 헌법 논문에 나오지 않는 것들이었습니다. 당연히 관련 헌법 판례도 없었고요.

처음부터 끝까지 글을 읽어 주셔서 감사합니다. 이제 모레(4월 4일) 헌법재판소의 파면 결정을 지켜봅시다.

한덕수 윤 선고 앞두고 "헌재서 어떤 결정 내려도 받아들여야"

우리는 대통령 권한 대행 한덕수를 가리켜 12·3 비상계엄과 헌법재판소의 탄핵 심판 과정에서 국민에게 가장 큰 실망감을 안긴 대표적인 고위 공직자라고 말할 수 있습니다. 그는 헌법이 자신에게 부과하고 있는 직무 수행은 피하고, 헌법상 자신이 해서는 안 되는 일은 고집스럽게 해 나갔습니다. 스스로 일관된 공직 수행의 원칙이 없다 보니 자신의 말과 행동 사이에 모순이 발생하는 것은 당연한 일이었습니다.

대통령 탄핵 심판에 관한 헌법재판소 결정의 효력을 정확히 이해하셔야지. 대통령 파면 결정이 내려지면, 그 시점부터 그 결정은 국무총리 당신을 포함해서 모든 국민을 기속(羈束)하는 거예요. 결정에 따를 것인지 따르지 않을 것인지가 당신의 선택 사항은 아니에요.

헌법재판소 결정을 그렇게도 특별히 존중하는 사람이 마은혁 헌법재판관 후보자를 임명하지 않는 건 헌법 위반이자 법률 위반이라는 헌법재판소의 결정은 왜 무시하나요? 그건 국무총리 당신이 저지르고 있는 '중대한' 헌법 위반이자 '중대한' 법률 위반인 걸 모르나요? 당신에 대한 탄핵 사유가 충분히 채워져 있는 거예요. 어떻게 국무총리 자리에 앉아서 헌법재판소라는 헌법 기관의 구성을 방해하는 겁니까?

이 말이 무슨 뜻인지 모르겠어요? 권한 쟁의 심판 청구 사건에서 헌법재판소가 내린 결정 주문과 결정 이유에 설시(說示)된 기본 취지를 국무총리 당신은 명백히 무시하고 있다는 거예요. 당신의 말 "어떤 결정을 내려도 받아들여야"에서 "내려도"와 "받아들여야" 사이에 '이쪽저쪽 모두'라는 말이 함축되어 있는 건가요? 어느 쪽에도 보험이 되는 '등거리(等距離) 언사(言辭) 또는 등거리 처세술'인가요? 차라리 입 닫고 조용히 지내는 게 좋아요.

대한민국 헌법의 최후 수호자, 국민!

2025년 4월 4일 오전 11시 22분 헌법재판소는 재판관 전원 일치 의견으로 대통령 윤석열에 대한 파면 결정을 선고했습니다. 만약 12·3 비상계엄과 탄핵 심판의 과정에서 국민의 헌법 수호 의지가 없거나 약했다면, 날마다 전국 곳곳에서 수많은 국민이 민주주의의 광장으로 나와 대통령 윤석열 탄핵을 외치지 않았다면 헌법재판소가 재판관 전원 일치의 의견으로 대통령 윤석열을 파면하는 일은 없었을지도 모릅니다. 그런 점에서 저는 대한민국 헌법의 최후 수호자는 국민이라는 확신을 하게 되었습니다.

2024년 12월 3일 심야에 대통령 윤석열은 비상계엄을 선포하고, 비상 계엄 해제 요구안을 의결하지 못하도록 헌법 기관인 국회 점령을 시도했습니다. 그가 꾸준히 주장해 온 2024년 4월 10일에 치러진 국회의원 총선거의 부정 선거 증거를 확보한다는 구실로 중앙선거관리위원회의 서버를 탈취하고 선관위의 주요 공직자들을 체포하려 했습니다. 제1야당의 대표 등 주요 정치인들과 여론 형성과 권력에 대한 감시·비판에 영향력 있는 인사들을 체포하려 했습니다.

헌법 질서 붕괴와 방어 사이의 절체절명의 순간에 국회는 본회의를 열어 비상계엄 해제 요구안을 가결했고(헌법 제77조 제5항), 대통령 윤석열은 비상계엄을 해제했습니다(헌법 제77조 제5항).

2024년 12월 14일 국회는 대통령 윤석열 탄핵 소추안을 의결했고, 대통령의 권한 행사는 정지되었습니다(헌법 제65조 제3항). 탄핵 소추안이 의결된 직후 국회는 헌법재판소에 대통령 윤석열 탄핵 심판을 청구했고, 그때로부터 111일 만인 오늘 오전 11시 22분 문형배 헌법재판소장 권한 대행은 "피청구인 대통령 윤석열을 파면한다."라는 결정을 선고했습니다.

헌법재판소는 대통령 윤석열이 비상계엄을 선포한 행위는 더는 대통령직이라는 공직 수행을 위임할 수 없을 정도로 '중대한' 헌법 위반이자 '중대한' 법률 위반으로 판단한 것입니다.

"누가 헌법의 수호자(Hüter der Verfassung; guardian of the

constitution)인가?" 또는 "누가 헌법의 수호자여야 하는가?"라는 논쟁이 있었습니다. 대표적인 논쟁은 독일 헌법학자 카를 슈미트(Carl Schmitt)와 오스트리아 법철학자 한스 켈젠(Hans Kelsen) 사이의 논쟁이었습니다. 1929년 카를 슈미트는 헌법의 수호자는 대통령이라고 주장했고, 1931년 한스 켈젠은 사법부가 헌법의 수호자라는 주장을 폈습니다. 이러한 차원의 헌법 수호자 논쟁은 '그 시대의' 이론이었습니다.

우리나라 헌법은 이에 대해 뭐라고 말하고 있는지 살펴볼 필요가 있습니다. 헌법은 제1조 제1항에서 "대한민국은 민주공화국이다."라고 선언한 후, 같은 조 제2항에서 "대한민국의 주권은 국민에게 있고, 모든 권력은 국민으로부터 나온다."라며 제1항의 민주공화국의 의미를 더 구체적으로 말하고 있습니다.

국민 주권의 원칙, 민주주의 원칙, 법치 국가 원칙, 대의 민주주의 원칙은 우리나라 헌법의 주춧돌에 해당합니다. 국민이 가지고 있는 주권 속에는 헌법 제정 권력과 헌법 개정 권력이 포섭되어 있습니다. 이를 밝히고 있는 것이 헌법 전문입니다. 헌법 전문의 주어는 "국민"입니다. 헌법 전문은 "유구한 역사와 전통에 빛나는 우리 대한국민은"이라고 명시하고 있습니다. 이 국민이

"1948년 7월 12일에 헌법을 제정"했고, "8차에 걸쳐 헌법을 개정"했다고 말하고 있습니다(참고로 우리가 제헌절로 지키는 7월 17일은 1948년 7월 12일에 제정된 헌법이 그 효력을 발생한 날이다).

헌법은 몇 개의 핵심 헌법 기관에 헌법 수호의 책무를 부과하고 있습니다. 국회, 헌법재판소, 법원, 중앙선거관리위원회 등이 이에 속합니다. 헌법은 대통령에게도 헌법 수호의 책무를 지우고 있습니다. 헌법 제66조 제2항은 "대통령은 헌법을 수호할 책무를 진다."라고 명시하고 있고, 헌법 제69조의 대통령 취임 선서의 조항에서 "나는 헌법을 준수하고"라는 말을 반드시 하도록 강제하고 있습니다.

헌법을 수호하고 준수해야 할 대통령 윤석열이 비상계엄이라는 이름을 붙여 헌법을 유린하자, 또 다른 헌법 수호 기관인 국회가 즉시 비상계엄 해제를 요구한 뒤 헌법재판소에 대통령 윤석열 탄핵 심판 청구를 했고, 헌법재판소는 탄핵 심판 절차를 진행했습니다.

헌법재판소가 수행하는 헌법 재판의 목적은 객관적 헌법 질서를 수호·유지하고, 국민의 주관적 기본권을 보호하는 것입니다. 대통령 탄핵 심판은 형사 재판이 아니기 때문에, 대통령의 비상계엄 선포가 헌법 제65조 제1

항이 규정하고 있는 실체 요건을 갖추었는지 신속히 판단하고, 절차 하자의 유무를 판단하면 되는 것이었습니다. 물론 탄핵 심판도 재판이기 때문에 필요한 증인 심문·신문과 증거 조사를 거쳐야 하는 건 당연합니다. 다만, 헌법 질서가 무너져 내리고, 국민의 일상이 심각하게 위축되는 상황을 고려해 탄핵 심판의 기간은 헌법재판관들의 심증 형성에 필요한 최소한의 기간으로 단축했어야 합니다. 대통령 파면 결정의 지연으로 발생한 국가적 손실과 국민 삶의 타격은 계산하기가 불가능할 정도입니다.

뒤늦게라도 대통령 윤석열 파면 결정이 나온 건 그 무엇보다도 국민의 의지와 힘이었습니다. '대한민국의 헌법 질서를 반드시 회복시켜야겠다는 국민의 헌법에의 의지'가 죽어 가는 대한민국의 헌법을 다시 살려 낸 것입니다. 국민은 헌법을 살려 내기 위해 헌법이 보장하는 기본권을 최대한으로 행사했습니다. 국민은 밤낮을 가리지 않고 의사 표현의 자유, 집회·시위의 자유, 결사의 자유, 청원권 등을 행사했습니다.

이 과정에서 우리가 눈여겨보아야 할 부분이 있습니다. 그것은 비상계엄 선포 당일 밤부터 오늘까지 군부대 탱크의 국회 진입을 온몸으로 막고, 대통령 윤석열에 대한 신속한 파면을 촉구하기 위해 광장으로 나온 2030 세대의 모습입니다. 그동안 기성세대로부터 더는 기대할 것이 없다며 무시당해 왔던 그 2030 세대의 광장 진입은 대한민국 민주주의 역사에 새로운 페이지로 기록되었습니다. 제가 볼 때 광장으로 나온 그 젊은이들은 이승만에서 윤석열에 이르기까지 우리나라 역대 정권들이 금과옥조처럼 추구해 왔던 '국가주의 교육'에 물들지 않은 존재들이었습니다.

여덟 분 헌법재판관들의 노고에도 경의를 표합니다. 결론적으로 말하면 '대한민국 헌법의 최후 수호자는 국민'이었습니다.